晋商五百年

院宇重楼

主编　刘建生

副主编　刘成虎

石涛　卫宇　编著

山西出版传媒集团　山西教育出版社

图书在版编目（CIP）数据

院宇重楼 / 石涛，卫宇编著. — 太原：山西教育出版社，2014.10
（晋商五百年 / 刘建生主编）
ISBN 978-7-5440-7209-0

Ⅰ.①院… Ⅱ.①石… ②卫… Ⅲ.①民居－介绍－山西省 Ⅳ.①K928.71

中国版本图书馆CIP数据核字（2014）第224413号

晋商五百年·院宇重楼
JINSHANG WUBAI NIAN Yuanyu Chonglou

出版人 雷俊林
选题策划 张沛泓 杨 文
责任编辑 杨 文
复审 郭志强
终审 张沛泓
装帧设计 刘志斌
内文排版 杜婷婷
印装监制 郭 勋 贾永胜
图片统筹 刘志斌
摄影 薛 菲 王永伟 刘志斌 梁 铭 荣 浪等

特别鸣谢 北京晋商博物馆
支持单位 北京晋商博物馆 山西省博物院 太原晋商博物馆 山西财经大学晋商博物馆

出版发行 山西出版传媒集团·山西教育出版社
（地址：太原市水西门街馒头巷7号 电话：0351-4729801 邮编：030002）
印刷 山西臣功印刷包装有限公司
印次 2014年10月第1版 2014年10月第1次印刷
开本 787×1092 1/16
印张 11.75
字数 170千字
印数 1—5 000册
书号 ISBN 978-7-5440-7209-0
定价 38.00元

康熙皇帝说：“今朕行历吴越州郡，察其市肆贸迁多系晋省之人，而土著者盖寡。”

——《清实录》康熙二十八年二月乙卯条

山西巡抚刘于义上奏说：“山右积习，重利之念，甚于重名。子弟之俊秀者，多入贸易一途，其次宁为胥吏。至中材以下，方使之读书应试。”雍正帝在其奏疏上“朱批”：“山右大约商贾居首，其次者犹肯力农，再次者谋入营伍，最下者方令读书。朕所悉知。”

——《雍正朱批谕旨》，第四十七册，雍正二年五月十二日朱批

在海外十余年，对于外人批评吾国商业能力，常无辞以对，独至有历史、有基础、能继续发达之山西商业，鄙人常以自夸于世界人之前。

——梁启超《在山西票商欢迎会演说词》，1912年

平阳、泽、潞豪商大贾甲天下，非数十万不称富。

——王士性《广志绎》

富室之称雄者，江南则推新安，江北则推山右。

——谢肇淛《五杂组》

山右巨商，所立票号，法至精密，人尤敦朴，信用最著。

——《清朝文献通考》，卷十八

1888年，英国汇丰银行一位经理甫将离开中国时，对山西票号、钱庄经营人有过这样一段评论："我不知道我能相信世界上任何地方的人像我相信中国商人或钱庄经营人那样快……这25年来，汇丰银行与上海的中国人作了大宗交易，数目达几亿两之巨，但我们从没有遇到一个骗人的中国人。"

——渠绍淼《晋商兴盛溯源》

中国商贾夙称山陕，山陕人智术不能望江浙，其推算不能及江西湖广，而世守商贾之业，唯其心朴而实也。

——清代外交家、首任驻英公使郭嵩焘

霭龄坐在一顶十六个农民抬着的轿子里，孔祥熙则骑着马，但是，使这位新娘更为吃惊的是，在这次艰苦的旅行结束时，她发现了一种前所未闻的最奢侈的生活。因为一些重要的银行家住在太谷，所以这里常常被称为"中国的华尔街"。

——罗比·尤恩森《宋氏三姐妹》

在上一世纪（19世纪——编者注）乃至以前相当长的一个时期内，中国最富有的省份不是我们现在可以想象的那些地区，而竟然是山西！直到本世纪（20世纪——编者注）初，山西，仍是中国堂而皇之的金融贸易中心。北京、上海、广州、武汉等城市里那些比较像样的金融机构，最高总部大抵都在山西平遥县和太谷县几条寻常的街道间，这些大城市只不过是腰缠万贯的山西商人小试身手的码头而已。

——余秋雨《抱愧山西》

未曾消逝的风华
（代序）

三晋大地是孕育中华民族的热土。距今180余万年前，山西匼河西侯度出现了迄今为止在中国发现的最早的人类。许家窑、丁村、峙峪、北撖……山西几乎保留了旧、新石器时代不同阶段的所有遗存。从那时起，山西曾一度是中华文明的代表。

隋代，雄踞太原的李渊成为天朝大国新的主宰，太原也因此成为大唐帝国的北都。唐代的三晋是一个文化昌达、名人辈出的地方，王维、柳宗元、狄仁杰、河东裴氏……一个个镌刻在青史上的名字，推动着唐代文化登峰造极。当鼎盛的铅华在四起的狼烟中悄然褪尽，宋太宗的铁骑踏过黄河，刘汉王朝灰飞烟灭之后，连年的战火、无休止的争斗，李唐盛极一时的河东文化似乎真的随着太原城那场人为的大火飘零没落了。

有人说，唐代以后的山西乏善可陈，科考不利、文化名人匮乏，山西的文化凋落了，但很少有人注意到，在时代变革、文化演进的浪潮中，山西扬弃旧腐、推陈出新的地域文化特征和独特的文化变迁方式。17世纪以降，在风云诡谲的世界形势中，经济实力成为决定国家兴衰至为重要的因素。当西方凭借坚船利炮不断开拓世界市场、中国依然沉浸在义利之辩中无法自拔时，被梁启超先生“常以自夸于世界人之前”的那些“胡服辫发”的山西商人又一次成为引领时代潮流的群体……时任德国柏林大学校长的李希霍芬男爵曾评价说，山西人“具有卓越的商才和大企业精神，有无比优越的计算智能，有发达的数字意识和金融才华”，因此“中国人好比犹太人，而山西人更像犹太人”。

晋商从默默无闻的引车卖浆者逐渐发展成为“非数十万不称富”的豪商巨贾，纵横捭阖五百余载，足迹遍及大江南北。他们凭着敢为天下先的精神，利用国家政策，抓住历史机遇。他们栉风沐雨，远渡重洋，北至西伯利亚、伊尔库茨克，南抵香港、加尔各答，东到神户、大阪、横滨、仁川，西涉喀什噶尔、塔尔巴哈台，业务涉及盐、茶、粮食、布匹、典当、票号等诸多行业，以独具特色的经商理念与经营艺术，创造了一个个令世人瞩目的商业奇迹。我们山西大学晋商学研究所同仁曾循着晋商的足迹赴东瀛，到欧美，北上恰克图、海参崴收集相关史料。大家无不为昔日晋商“劈开万顷波涛，踏破千里荒漠”的那种艰苦创业、百折不挠的精神所折服。尽管晋商在清末战乱中逐步走向衰败，商业和金融业态的转变使之无法承担起信用制度变迁所带来的庞大交易费用，但他们并没有化作历史的尘埃随风飘逝，其遗留下来的丰富的物质和精神遗产，至今依然影响着我们。

站在平遥、太谷、祁县等古老县城的街道，放眼望去，掩映在夕阳余晖中的是一座座明清晋商的豪宅大院、孕育着郁郁生机的老街，还有那商号店铺的门帘随着进进出出的人们不停地摆动，像少女头饰上随风摇曳的流苏。熙攘而恬静，喧嚣而自然，建筑和人交相融合，很容易让人产生时间上的错觉。思绪的穿越，把我们带回到清代，街面上此起彼伏的吆喝声、票号柜台上眼镜戴在鼻尖上的掌柜、镶满铁钉的大门、被缰绳磨得发亮的花岗石拴马桩……使我们抑制不住钩沉旧事的冲动。

每处遗存都有着自己的故事，每件古物都有着鲜为人知的传说。发现故事讲给世人听，是三晋学人义不容辞的责任。因此，我们会集山西大学晋商学研究所以及经济、历史、教育、体育等学科从事晋商研究的多位学者，捃摭多年研究成果，从晋商盐帮、茶商、典当、票号、镖局、会馆、家族、大院、教育，以及走西口、粮油故道、保晋公司等入手，通过点滴历史事件，深入浅出，图文并茂，向读者展示明清晋商的不同侧面，以期雅俗共赏，弘扬中国传统商业文化。

于山西大学晋商学研究所

目录 MULU

前言

关于中国民居建筑，素有“北看山西，南看安徽”之说。安徽民居建筑以朴实清新的特点闻名，而以晋商大院为代表的山西民居则以深邃富丽著称。

山西祁县乔家大院是晋商大院中最具代表性和最具知名度的一座大院。去过乔家大院的人，都会被那种异常庞大的建筑规模所震撼，都会情不自禁地联想到这种庞大规模背后所代表的巨大财富。乔家院落布局似一个“囍”字，分为六个大院，依次分列甬道南北两侧，又院中有院，二十多个小院和三百余间房屋严谨地置于其中。从甬道转身拐进一个门，里面别有洞天。院内到处都是砖雕、石雕和木雕艺术品，内容有人物、花卉、松竹、瓜果等，绝无重复。惊叹之余，很多人也许并不知道，这样的建筑并不是由一代人建成的，而是乔家几代人不懈努力的结果。从清乾隆年间开始，一直到抗日战争爆发而被迫中断，乔家大院前后历经两百年才形成今天的样子。

几乎所有的晋商大院，都是这样经过漫长的时间，面积规模由小到大，建筑样式由简到繁，最后形成今天看到的格局。一些建筑的历史，甚至可以追溯到四百多年以前的明代万历年间。而这漫长的历史中，沉淀的是一部部晋商的兴衰史。晋商大院的每一块砖、每一片瓦上，都书写着一代山西商人从发家到衰败的荣耀与辛酸往事。

晋商的创业者们已消失在浩渺的历史长河中，但他们耗尽毕生心血修筑起来的一座座美轮美奂的深宅大院，却在晋商兴衰历史中留下了浓墨重彩的一笔。对山西晋商大院的考察，并不只是为了发思古之幽情，而是这些老房子的历史，可以直接反映出山西商帮发展的脉络，青砖灰瓦的山西晋商大院所深藏的历史价值、文物价值、科学价值、艺术价值也将逐渐被挖掘出来。

漫步晋商大院，像是一次追寻两三百年间晋商跌宕起伏的历史旅程，晋商的兴衰往事已淹没在深邃富丽的建筑中，却刻在沧桑的建筑之上。古朴华丽的屋瓦窗棂“低声诉说”，将那些动人的过往深情地讲给今天的人听。

第一章

光宗耀祖　返乡建宅

山西商人恋乡思乡的情结极重，虽有时为生计所迫而客住他乡，但衣锦还乡的期盼一直萦绕在山西游子的心头。清朝时山西的一位举人在谈到家乡时曾痛心疾首地说："无平地沃土之饶，无水泉灌溉之益，无舟车渔米之利，乡民惟以垦种上岭下坂，汗牛痛仆，仰天续命。"山西不但土地贫瘠，而且自然灾害频繁发生。在清朝近三百年的时间里，山西全省范围内较严重的自然灾害就达一百多次，平均三年一次，其中最长的一次旱灾长达十一年。这样的自然条件迫使山西人走出去，当年一代又一代山西人走西口，走出了一部移民史，也走出了一批历经磨炼而精明强干的晋商。在走西口历程中成为大商人的山西汉子们回到家乡后，为自己修造的房子大都是豪宅大院，被视作晋商财富的象征。而山西商人之所以如此热衷于返乡修建大院，是有一定的历史原因的。

第一节　历尽艰辛　不忘故乡

明清时期，山西自然环境恶劣，旱魃水害频发，一批山西人迫于生计，远走他乡。他们从山西的中部和北部出发，跋涉千山万水，进入蒙古草原，将起初“织席贩履”的小买卖做到“纵横天下”的大生意。这批山西商人驰骋欧亚，铸就了举世瞩目的商业传奇，但却始终难以割舍对故乡的眷恋。

关键词：背井离乡　乡愁　商旅

明嘉靖朝内阁大学士张四维出生于山西盐商世家，为蒲州豪贾，他的父亲张允龄是明代晋商中非常有名的人物之一。张四维在其文集《条麓堂集》中曾深有感触地谈到其父早年创业的艰苦经历：“吾蒲介在河曲，土陋而民伙，田不能一援，缘而取给于商，计春挟轻资牵车走四方者，十室九空。”张允龄早年丧父，年幼时即开始掌理家政。生活的艰辛迫使他不得不在十五六岁时，就开始商旅生涯。他西度皋兰、浩亹（今青海省海东市），贩货张掖、酒泉，数年又南至淮、泗，渡江入吴，遂溯江汉西上菱峡，往来于楚、蜀间，足迹半天下，换来万贯家资。

张四维的这段文字虽然简短，但它不仅谈到了晋商最初的经商动机，而且还向我们透露出晋商在当时是怎样做生意的。“挟轻资牵车走四方”，记录了当时晋商开创事业时的艰辛。山西没有多余的粮食，但与山西隔河相望的河南和山西东南的山东，却都是中国重要的产粮地区。于是，山西人开始推着小车、担着担子，将中原、江南的粮食运往中国的北部边镇。在这种贸易中，不利的自然条件、人口压力都开始转化为得天独厚的优势。山高水长，转输困顿，在认准了目标的山西商人面前已变得无足轻重，而剩余的农业人口，又恰恰是在传统社会中从事长途运输所必需的条件。

这是晋商迈向成功的第一步，这一步迈得并不容易。他们推着木轱辘小车，载着沉重的粮食和盐，在崇山峻岭中穿行。行路之人不但要忍受常人

◇山西黄土高原地貌

所难以忍受的艰难，还要耐得住寂寞，耐得了思乡之苦。有“走向富裕”的信念支撑着他们，从始至终山西人都走得那么不可动摇，这一走竟然持续了四五百年的时间。

山西地处黄土高原，自然条件差，历史上土地贫瘠，自然灾害频发，百姓生计困难。穷困和灾难，促使山西人必须走出去，而山西又地处农耕文明的中原地区与游牧文化的塞北边境的过渡地带，这一得天独厚的地理位置，为山西人提供了改变命运的机会和维系生存的广阔空间。就这样，当年的山西商人从山西中部和北部出发，翻山越岭，穿过道道关口，越过茫茫荒原，开始了走西口的漫长跋涉，构筑了五百年之久的辉煌商业帝国，也改写了明清时期中国商业的历史。

纵然当年的晋商迫于生计弃农从商，但他们目光远大，团结进取，诚信为本，以义从商，甚至崇奉“学而优则贾”，成为他们称雄商界的立身之本。然而，晋商毕竟是封建商人，他们生活在具有强烈封建色彩的小农经济社会中，根深蒂固的小农意识，无法摆脱的封建思想窠臼，“以末致富，以本守之”

山西右玉杀虎口长城遗址

的传统观念，严重束缚了晋商的发展。他们墨守成规，在发迹之后把资本投向土地，这种现象在明代已屡见不鲜。入清后，晋商购置土地、修建豪宅者更是普遍。

“那儿（山西）土地瘠薄，人们被迫出外谋生，渐渐积了些财富。但他们仍旧逃脱不了封建农业社会的羁绊，无论是族训还是行规，都禁止他们携带家眷，又禁止他们在外面纳妾。于是积蓄的财富大量流回故土，可买的薄田又不多，只好起造住宅。它们围着高高的死墙，外表森严可怖，内部却精雕细刻，流露出炫耀的拜金主义审美观。”清华大学建筑学院教授陈志华在谈到晋商大院时的如是说法，基本道出了山西商人们修筑深宅大院的心理原因。

山西地处中原与北方游牧民族地区物资交换的要冲，加之晋中南地狭人稠，外出经商谋生自然成了许多人的选择；勤俭、诚信、团结的作风，严密、科学的经营管理制度体系，一步步将晋商的事业推向高峰。晋商极少举家迁徙，往往一人在外苦心经营，留家眷在原籍，讲究的是“发财还家盖房置地养老少”，于是便有了如此之多奇迹般的大院。

晋商之所以在修造住宅时，做得比别的商帮更投入，更加不惜工本，很大程度上是因为他们是所有离乡背井的游子中，走得最远、漂泊时间最长的一群人。他们中许多人从十几岁就离开家去商号当伙计、学生意，不论走到哪里，商号里的制度是三年才允许回家探亲一次。如此计算，当一个六十岁的山西商人告老还乡时，他在外飘零的时间大约是四十年。随着晋商的崛起，山西中部开始大规模修造房屋，数量众多的高墙大院密集地坐落于晋商的祖荫之地，既昭显着他们的身份、地位，又摆明各自的实力。

外出经商致富后“还家盖房置地养老少”，这是以农耕经济为基础的封闭文化心态的典型反映。使晋商在拥有了无与伦比的巨大资财后，最终回归点或者能够找到的精神依托，依然是一座座封闭而保守的高墙铁门、深宅大院。然而也正是在这种保守自闭、乐于守成，以农耕经济为基础的传统思想观念支配下，晋商失去了由传统商业资本向近代资本转化的机遇，尽管晋商中少数有识之士也曾试图改组资本，但传统思想观念的制约和羁绊，再加上外国

◆ 恢弘的曹家大院是晋商衣锦还乡后在家乡花巨资盖的深宅大院，也是晋商实力的体现。

山西右玉杀虎口的“西口古道”

资本主义侵略的严重影响以及封建势力的重重压榨和盘剥，使晋商这个群体在叱咤中国商界五百年之后，不可避免地走向衰落，消失在历史的尘埃中，留下一个个富丽堂皇的大院见证着他们曾经的辉煌业绩，记录了他们陨落的历史悲剧。

第二节 乡土情结 由来已久

明清时期，在异乡闯荡的山西商人在外获得商业上的成功之后，无一例外地选择回乡购置大量土地、建造规模宏大的深宅大院，这与山西人由来已久的乡土情结密不可分。

关键词：乡情 溯源

山西地处华北西部，黄土高原东翼，东有巍巍太行作屏，西、南有滔滔黄河为障，形成一个天然“U”型开口区，唯北面与蒙古大草原相邻。“山西居京师上游，表里山河，称为完固，且北收代马之用，南资盐池之利，因势乘便，可以拊天下之背而搤其吭也。”这句话是清初地理学家顾祖禹在其著作《读史方舆纪要》中对山西的描述，概括地说明了山西地理形势及其位置的重要性。

太行山岳中的村落

山西偏关境内的长城烽火台遗址

秦之前，在山西地区繁衍生息的以汉族人为主，秦汉特别是东汉以来，不断有原本居住在中国北部、西部的草原游牧民族向山西等内陆迁徙，即历史上的“五胡内迁”（主要包括匈奴、羯、鲜卑、氐、羌等民族，泛称“五胡”）。究其原因，一是汉人的农耕文明对“五胡”有较大吸引力；二是从东汉到魏晋南北朝时期，地球变冷，蒙古高原草原退化，同时大面积爆发蝗灾，对畜牧业生产有非常大的影响。迫于生存，“五胡”不得已向内地迁徙。

迁入内地的胡人主要集中在并州汾河流域。当时的中央政府对迁入的胡人并不排斥，甚至在东汉末年，汉王朝为弥补中原兵力和劳动力的不足，而对“五胡”进行主动招诱。但总归中央王朝是要对“五胡”严格管理的。东汉时期，汉族王朝或是对胡人部落加以解散，编入郡县户籍；或是保持胡人部落不变，“初，南匈奴久居塞内，与编户大同，而不输贡赋”。三国时期，匈奴被划分为五部，分别是兹氏（山西汾阳）、祁（山西祁县）、蒲子（山西隰县）、新兴（山西忻州）、太陵（山西文水）五地。此五部，并非匈奴原有宗族形式，而是汉族统治阶级采用强制手段划分的行政管理区划。实行五部分治之后，各部首领不管身居何处，必须把妻儿家眷安置在“晋阳汾涧之滨”，这实际上是汉族统治阶级把胡人家属作为人质严格控制，以此来牵制胡人的行动。这或许也是明清时期的晋商外出经商从来不带家眷的历史渊源。西晋时期，统治阶级又对迁入的胡人势力进行了进一步的分割与弱化，“咸熙之际，以一部太强，分为三率。泰始之初，又增为四”，这同时也加速了胡人的汉化。

民族融合是历史的必然，山西由于其特殊的地理位置成为中原农耕文明与塞北游牧文明的交接地带。民族融合包含生产方式、生活习惯，以及价值观念、意识形态方面的改变，胡人大批迁来，与山西本土的汉族居民交流贸易、共同生产生活，甚至互相通婚，久而久之，山西人的民族意识变得淡薄，并吸收了游牧民族勇武剽悍的性格因素，山西人的流动性也随之增大，体现出一定的游牧民族“逐水草而居”的特性，这也是后来的晋商表现出一些有别于其他商帮的特质。与少数民族的长期通婚杂居，冲淡了山西人的民族意识，在很大程度上减少了山西人对少数民族的敌视，这是明末山西商人能够资助后金，以及在清初反清复明浪潮高涨时，能选择与政府合作效力的一个重要因素。

明清山西商人外出经商一直遵循着“不挈眷，不娶外妇，不入外籍，不置外之不动产；业成之后，筑室买田、养亲娶妇，必在故乡”的原则，而要想厘清为何这样的原则会被晋商默默遵守，不妨将晋商与徽商做一个对比。

山西平顺古村落远眺

安徽黟县宏村的徽州民居是典型徽派建筑

从东汉至西晋，虽历代汉族中央政权对内迁之“五胡”严加治理约束，但在西晋末年，因统治阶级内部腐朽衰落导致“五胡”乘虚而入，史称“永嘉之乱”，从此包括山西在内的北方尽输胡人之手，社会长期陷于战乱。晋室汉族政权流亡南方，建立了东晋，原先在华北、中原地区的知识分子、农民、手工业者、商贾等，为躲避战火也大批逃亡到南方，其中不乏举家迁入徽州地区的例子。事实上，徽州东有大障之固，西有浙岭之塞，南有江滩之险，北有黄山之轭，“其险阻四塞，几类蜀之剑阁矣，而僻在一隅，用武者莫之顾，中世以来兵燹鲜焉”。天然的封闭地貌使得徽州成为世人避乱的理想太平世界。因此，历朝历代迁入徽州的汉人家族不胜枚举，其中，除“永嘉之乱”

外，还以唐末五代的“安史之乱”及两宋交替的“靖康之乱”之时为北方士族迁徽的高峰期。另外，因宦游、择胜、隐居等缘故，也有不少中原世家大族进入徽州。明嘉靖《新安名族志》所录历代入居徽州的名族中，有八成来自中原地区，其中因避乱迁入者则多达 54%。

徽州古为越人聚居区，汉人入徽反客为主，成为徽州地区主要的开发者。迁入徽州地区的北方部族与当地人民和百越各族互相融合，形成了一种包含江南特质的新兴徽州文化。事实上，这种文化是以中原文化为主体的。中原文化得以在徽州生根发展，这与宗族制度是密不可分的。宗族制度形成并鼎盛于魏晋，一直在北方士族中传承延续，但因少数民族文化在北方的逐步发展、不断的战乱侵扰、北方士族的大批南迁，使得宗族制度在隋唐时期衰亡了，以至于“故唐公卿之族丧亡且尽”，“燕晋士大夫不能言五世以上祖”。北人南迁，到了一个陌生环境，失去了原先的政治特权和经济优势，便在发展宗族势力、加强宗族凝聚力方面大做文章。朱熹在《家礼》一书中提出了一系列加强宗族凝聚力的方案，包括建祠堂、明世系、祭始祖等，这对徽州地区

山西偏关境内长城和黄河交汇之处老牛湾

徽派建筑与晋商大院有不一样的建筑风格、传统

宗族制度的发展起到了深远影响。“千年之冢，不动一抔；千丁之族，未尝散处；千载谱系，丝毫不紊。”这是清代徽州地区谱系分明、宗族有序的写照。由此来看，原本宗族制度兴盛的山西等北方地区因战乱逐渐导致宗族体制衰退，而徽州等南方地区反而因汉人的迁入使得宗族制度在此积淀保存并得以进一步发展，徽州宗族制一直保持与正统文化相一致，堪称为正统宗族制传承的典型。许承尧在《歙风俗礼教考》中对徽州商人家族有这样的描述：“家多故旧，自六朝唐宋以来，千百年世系比比皆是。重宗谊，修世好，村落家构祖祠，岁时合族以祭。贫民亦安土怀生，虽单寒亦不肯卖子流庸。婚姻论门户，重别臧获之等，即其人盛资富厚行作吏者，终不得列于辈流。”这充分反映出徽商有较浓重的宗族观念。

受中原文化的影响，徽州人崇尚儒学。徽商素来以“儒商”著称，而儒家强调“仁者，人也，亲亲为大”，这一信条对于“贾而好儒”的徽商自然具有很强的约束力。此外，商业活动的需要也加重了徽商的宗族观念。徽商外出经商所面临的环境非常险恶，经常遭到寓居地土著居民的排斥，还有来自其他地方商人的竞争，甚至有可能遇到盗贼的抢劫和贪官污吏的敲诈勒索。在这种不利的形势下，徽人靠单枪匹马外出闯荡是十分危险的事，弄不好会财毁人亡。另一方面，徽州地区的各大家族一般都立有作为族人共同遵守的祠约、族规等行为规范。虽然这些族规的内容不尽相同，但其订立都是以儒家的道德观念为依据。凡不孝不悌、忤逆尊长以及有悖于亲亲之义的种种行为，都是族规所不能容忍的。违犯族规的族人，轻则受到舆论的谴责，重则遭到全体族众的惩罚。有些家族为了使族规家法具有更大的强制性与权威性，还将族规报请官府批准，把家法与国法结合为一体。

安徽歙县县衙在万历年间就曾发布公告，明令朱氏族人严守家规，违者治罪："直隶徽州府歙县，为恳申祠规，赐示遵守事。据二十一都五图约正朱文谟同族长朱明景等联名具呈前事，呈称：本家子侄丁多不一，恐有不务生理，横暴乡曲，不孝不悌，忤尊长，违禁赌博、酗饮、嫖荡、斗打、争讼等情，祠立家规，犯者必戒。恐有刁顽违约，不服家规诫罚，仍肆强暴，不行改正，虑恐成风。后同族长粘连祠规呈叩天台，伏乞垂恩，准申祠规，赐印、赐示、刻匾、张挂，以儆效尤，概族遵守等情，据此，似合给示严禁。为此示仰朱姓通族人等知悉，务宜遵守家规，敢有违约不遵者，许约正族长人等指名呈来，以凭究处，以不孝罪论，决不轻恕，特谕。万历二十六年八月十八日给告示

徽派民居建筑

山西代县雁门关

山西祁县乔家大院内院

县押。”

在当时的经营环境下，坑蒙拐骗的事情固然屡见不鲜，但在道德和族规家法的双重约束下，在同一宗族内部，这类情况还是较少出现的。因为不管徽州商人去何处经商，走遍大江南北，但最终还是要返回故乡，面对同宗同族人，难以逃脱族规的约束。因此为了维护自身的安全，并求得商业的发展，他们必须联合起来，借助群体的力量去对付险恶的环境。徽州商人要想联合起来从事商业活动，最好的办法就是利用宗族关系作为纽带，将本宗族的人视为可靠的伙伴，利用宗族关系结成帮伙，共同行动。

相比之下，没有了宗族制度的传承，明清时期山西人的宗族观念较徽州人淡漠，并且长期的民族融合进程使山西的新生人口继承了北方各族人民的基因，他们的家族联姻关系错综复杂，人员流动性大，没有形成“累世同居”的大家族，血缘和宗族的纽带作用没有显现。从某种程度上讲，乡土观念是宗族观念的替代和延伸。很显然，乡土关系是弱于血缘关系的。徽州人的宗族体系完备，宗族规模庞大，徽州商人也很好地将这种最基础的信任关系运

山西晋商大院中的精美砖雕

用到了商业经营管理中，而没有必要选择地缘关系，因而也表现出较淡薄的乡土观。山西商人也想利用更加坚实的宗族血缘关系来助力他们的商业经营，但无奈于不同的历史背景，山西地区的宗族纽带作用无法与徽州地区相提并论，自然无力支撑起山西商人系统复杂的商业治理。而山西商人退而求其次，只能选择以地缘文化为基础的同乡关系来加强商业合作，维系经营关系。

从某种程度上说，徽商是西晋末年因战乱而逃离故乡、南迁而下的中原人的后裔，历史赋予了他们“好迁徙”的基因；而晋商则是在战火纷飞的年代，留守下来的那批山西人的后裔，他们既然当年没选择离开故乡的土地，日后就更不会因经商的缘故而定居他乡。因此，虽然山西商人的宗族观念远不及徽州商人，但晋商无疑比徽商更“恋家”。正如清人纪昀在《阅微草堂笔记》中所说：“山西人多商于外，十余岁辄从人学贸易。俟蓄积有资，始归纳妇。纳妇后仍出营利，率二三年一归省，其常例也。”

程雯瑛在《晋商史料研究》中写道：“每年春节前后，掌柜和伙计们都十分思念家乡，但又没有通讯设施，就在早晨太阳出山前，在店铺前挖个坑，坑里立一根木杆，他们就烧香跪拜，遥祝远方的家人平安幸福，表达他们的思乡之情。”晋商在外地勤俭节约，回到家乡后则在修建宅院上一掷千金，尽显奢华。

当年的晋商大院有不少都保存到了今天，它们都可以称得上是豪宅。坐落在山西祁县东观镇的乔家大院被人看作是晋商往昔辉煌的象征，乔家大院历经乔家几代人陆续修建、改建、扩建，前后近两百年才修建完成。整个大院由六进院落组成，共有房间三百余间，占地近九千平方米。院落、房屋形式各异，内有精美绝伦的砖雕、木雕、石雕，屋内陈设考究，有不少都是当时从国外进口的家具。

明清时期中俄贸易“第一世家”的榆次常家更是从清康熙年间到光绪末年，历时二百余年修筑宅院。山西榆次的常家庄园在建筑规模上比乔家大院更胜一筹，整个庄园由一千五百余间各式房屋组成，院内亭台楼阁，鳞次栉比。常家庄园不仅具有功能齐全的庄园特性，而且有典雅浓郁的儒文化品位，有百余亩融儒、佛、道文化于一炉、集南北风格之大成的园林。这一特色，为北方民居所罕见、诸多晋商大院所仅有。

除此之外，灵石王家大院、太谷曹家大院、祁县渠家大院，或是典雅秀丽、精巧别致，或是气势雄浑、富丽堂皇，无不令人感慨称奇。

山西榆次常家庄园

山西河曲黄河景色

山西有句民谣："山西人人大褥套，发财还家盖房置地养老少。"此"大褥套"是指形同褥子的布套，也可搭在牲口背上供人骑坐。这句话在晋商身上也得到印证，在反映山西商人封闭文化心态的同时，自然也看到了他们强烈的乡土观念。能够出人头地、回乡光宗耀祖的晋商其实只占山西商人中的少数，在内蒙古包头有块古老的坟地叫作"祁太义地"，也就是专门安葬山西祁县人和太谷人的墓地，在这里葬的大多是山西买卖人，所有的坟冢都面朝东南方向，也就是他们家乡的方向，足见他们对故乡的怀念。晋西北与内蒙古隔黄河相望的小城河曲，至今仍保留着一个风俗，每年农历七月十五，都要在黄河上放用麻纸扎成的河灯。一盏河灯就代表了一个孤魂，放灯的人希望顺流而下的河灯，能把客死异乡的灵魂带回故乡。

第二章

晋商遗韵　文化大院

自从有了建筑物，就有了建筑物文化。对建筑物进行装饰，自秦汉已有，那时主要是用于宫殿装饰。明清两朝，尤其是到了清代，中国南北东西具有地域风格的民居千姿百态，其中代表北方民居建筑风格的典型非晋商大院莫属。晋商大院从选址到盖建，再到装饰细物，处处体现出中国传统文化博大精深的人文内涵。把传统文化融入明清晋商大院建筑中，宅院就有了更丰富的内涵，有了更多的人文气质。无论南北住宅形式如何变化，其内在的文化精神却有许多是共通的。也许是儒家学说过于讲究等级和秩序，所以形成了与之相应的住宅建筑的等级观念。从大的布局讲，宅院建筑都在尽可能地避开尘嚣，外敛内张，自成一统。建筑单体的程式化、体系化，表现在梁柞木制、墙体坯砖、顶脊瓦饰的各个方面，风水方面讲究阴阳、五行、八卦、元气，连同匾额、雕刻、脊饰、年画、门神、窗花，都包含着家业昌盛、子孙兴旺、合家欢乐、平安消灾的理想追求和人文精神。

第一节　等级思想　根深蒂固

“礼制”是中国古代社会天人关系、阶级关系、人伦关系的集中体现。其中，等级思想作为传统礼制的核心内容深刻影响着古代建筑的形制、布局和装饰。等级思想贯穿于明清晋商大院的每一处细节，是晋商大院文化的重要组成部分。

关键词：礼制　等级　建筑形制

等级制度是中国封建政治体制中最显著的特点，山西宅院中等级观念的体现，可谓是淋漓尽致。现代建筑学大师梁思成先生，在其《中国建筑史》中归纳说，中国建筑外部轮廓的一个特点是“绝对均称与绝对自由之两种平面布局”，“以多座建筑组合而成之宫殿、官署、庙宇，乃至于住宅，通常均取左右均齐之绝对整齐对称之布局。庭院四周，绕以建筑物。庭院数目无定。其所最注重者，乃主要中线之成立，一切组织均根据中线以发展，其布置秩序均为左右分立，适于礼仪之庄严场合。公者如朝会大典，私者如婚丧喜庆之属。反之如优游闲处之庭园建筑，则常一反对称之隆重，出之以自由随意之变化……此两种传统之平面部署，在不觉中，含蕴中国精神生活之各面，至为深刻”。因此，主要殿堂必有附属建筑物的拱卫环绕，如配厢、夹室、廊庑、前殿、围墙、角楼之类，成为庭院不可缺少的组成部分。

山西宅院多为左右对称的正偏结构，正院上高下低，中庭开阔，尊卑有序，等级分明。正院宽敞，正房高大。厢房低于正房，也小于正房。以太谷曹家宅院为例，正院都是四合院，正房必设在正院里，正房的屋顶比厢房高，台阶比厢房也多一两级。账房院与主人居住的屋舍相比，就要低矮简陋得多。账房不论是在正房还是在厢房，门前大多不设台阶，即便修筑台阶也只是一级台阶而已，以示其地位低主人一等。偏院则是紧靠正院厢房墙壁修建的一排低矮的东西房，供佣人、保镖、厨子们居住。偏院院子狭长，通往正院的门都设在正院的一面，这样主人可以随时到下人住处走动察访，下人则不得

山西灵石王家大院内院

随便出入正院，下人的活动受到严格限制。在晋中的几个商家大宅院里，这样的格局特征都是非常突出的，充分体现出封建社会的等级观念和礼制要求。

在晋商大院里，主要建筑物如厅、堂、尊长住房等，均排列在中心主轴线上，附属房屋则位居次轴线上。中轴线上的前部分以“前公后私”“前下后上”“前堂后寝”为原则，把对外的房间与下房放在前面，社交活动与生活起居场所分置前后。同类房屋建筑群中，兄长的房屋一定要比弟弟的高大一些。王家大院王汝聪的敦厚宅，前院是社交活动空间，南厅及东西配房为管账先生及管家等高级仆佣的住所。穿过过厅，进入正厅，来到后院，是主人的生活区，正窑五间为上房住长辈，下窑东西各三间住儿孙，二层东西绣楼住小姐。主窑顶楼为王家始祖王子乔的子乔阁，立有他的神龛牌位及塑像。这种房屋布局，正偏结构，左右对称，中庭开阔，上高下低，充分体现了封建宗法礼教制度——尊卑贵贱有等，上下长幼有序，内外男女有别。

晋商大院的礼制思想还体现在台阶的建制上。高高的台阶是中国传统建

山西灵石王家大院外景

筑中不可缺少的建筑元素，也是权力与地位的体现，层层台阶蕴涵了高高在上、等级森严、秩序井然、不可逾矩的礼制思想。宋人李诫在《营造法式》中，对台阶有专门的尺寸规定："造殿阶基之制，长随间广，其广随间深，阶头随柱心外阶之广。以石段，长三尺，广二尺，厚六寸。间四周并迭涩坐数，令高五尺；下施土衬石。其叠涩，每层露棱五分，束腰露身一尺，用隔身版柱，柱内平面作起突壸门造。""造踏道之制，长随间广，每阶高一尺，作二踏，每踏高五寸，广一尺，两边副子，各广一尺八寸……如阶高四尺五寸至五尺者三层，高六尺至八尺者五层或六层，皆以外周为第一层，其内身二寸，又为一层，至平地，施土衬石，其广同踏。"

这种营建法式虽然是为宫廷建筑而设置，但到明清时期，已经广泛用于民间的豪华宅第。从山西宅院里，就可以看到这样的规格尺寸。最直观地看，就是主人住处的台阶级多、阶宽、台高，下人居处的台阶低下简陋，也就是通常说的什么等级的人，住什么等级的房。乔家大院的东北院，里外院落由穿心过厅连通，从外院门到里院正房须连登三次台阶，无形中会升高近 3 米，

山西灵石王家大院内院

这些设计不仅反映建筑结构的科学巧妙，暗寓“步步登高，连升三级，平步青云”吉祥之意，更是礼制思想的充分体现。在乔家大院，有一处院落没有台阶，因为这个院落是乔家佣人的住处，佣人是没有权利步步登高的。晋商用这种方法体现了尊卑合礼，不得不说礼制思想早已深植在晋商大院的高墙厚础中。

明清山西宅院的庭院大都是方砖墁地，方砖的尺寸规格多为三四十厘米见方。等级越高的建筑，铺地的要求也越高。铺砌地面时，工匠须严格遵守磨砖对缝的要求，有的还要在砖缝中挂上油灰。油灰的主要成分是白灰和桐油，以保证地面的牢固耐用。考究的地面在铺砖之后，还要涂刷几遍生桐油，保持表面光洁美观。

明间的中线上须用整砖，不可以对缝。而在游廊或室外铺地时，除了中线上必须用方砖之外,边上可以配砌小砖。院里“十”字形主路的中线上要用方砖，边上也可铺设小砖，舒解一下等级制度建筑的沉重压迫感，营造轻松活泼的氛围。

封建时代遵行男尊女卑的纲常观念。小姐的绣楼通常修建得低矮狭窄，虽说是精致小巧，却也有旧时不许女子出人头地、女子个性不得张扬等传统说教隐晦其中，束缚女性的“三纲五常”“三从四德”等伦理纲常在宅院建筑中得到充分体现。山西太谷的曹家大院将绣楼缩进几尺，以限制闺阁中人的视线，从建筑上阻断她们左顾右盼的目光，禁锢她们的思想，这也是封建时代对女性的要求，遵从礼教、淹没个性、忍让退缩、随父从夫。

歧视女性的建筑文化，即便到了民国时期仍然没有大的变化。如山西定襄河边阎锡山的故居中，被主人珍视一生的五妹子的绣楼，建在一个视线非常逼仄的地方，虽说五妹子来此居住的日子屈指可数，但从房屋收缩、低矮简陋的格局看，仍然没有摆脱女性从属的可悲地位。

山西榆次常家庄园一景

山西灵石王家大院绣楼

等级礼制作为中国传统文化的一个重要组成部分，渗透在晋商大院的一砖一瓦当中，它所维系的伦理纲常及社会秩序，在晋商大院中得到了充分的展示与体现。尽管这种以宗法关系为核心的礼制，在维护和稳定封建的社会生产秩序中起着重要作用，但其落后、保守、愚昧的一面，对山西商帮的发展也产生了复杂的影响。

第二节　五行风水　寄寓吉祥

建筑与风水是生活中常常涉及的问题，也是建宅过程中必须考虑的一个因素。古人认为，居处风水事关家族兴亡，关乎子孙后代的发达，所以置地造房，总要尽可能地附和风水，祛除邪恶，彰显吉祥。民间堪舆之术源远流长，占据了风水宝地，便会家族兴旺，福泽绵长。地利强人丁旺、地气壮事业盛等说法，几千年来长盛不衰。在明清晋商大院中，对五行风水的讲究随处可见。

关键词：建筑风水　寓意

人是天地万物之灵，依靠天地生物而存在，顺应地理环境而生存，利用和改造自然环境而实现自我保护。那么，居处环境与条件的选择，无疑是建筑深宅大院的人们首先要考虑的事情，也包含一定的科学道理。比如，选居高处，免遭水患泥涝；选居临河，水源充足，人畜两便；住宅地势开阔，进

山西榆次常家庄园

出方便，利于扩建；邻近城镇，购物交通方便；回避污坑烟瘴，空气清爽，身心愉快，人体康健。这些都是人们日常赖以生活的基本条件，得之全者优者，一切称心，四时祥瑞;得之半者中者，有富有忧；得之下者，生活总难如意，也就是害多利少。

生活环境有优劣之分，这是唯物辩证的看法，择风水宝地，有一些科学的成分在内，然而也不能过于迷信，走向极端。香港凤凰卫视曾采访过世界建筑大师贝聿铭先生，当问到这位大师是否相信风水时，他回答说："建筑师都相信风水，不是迷信的风水。风水有好几种，比如说我们盖房子，要背山靠水，这也是风水。我觉得我们是应该相信风水的，可是风水如果弄得太过分了，那就变成迷信了，这个我反对。"比如在具体盖建房屋时，人们特别讲究用水的方便。贝聿铭先生讲,他在设计香港中银大厦时，接受了风水的说法，这个高楼两旁都有水下来，"这个水是源，是财源，所以水到了下面变成了一个池子。池子养鱼，中国人认为就把财给蓄住了"。中银大厦财源不断、财气旺盛，精神的作用显而易见。

明清山西宅院建筑中，对风水也是颇为讲究的。建院前，先请风水先生堪舆选址、扎根脚。上梁时，要祭拜天地、鸣炮示庆。大院的墙脚刻"泰山石敢当"，或者在门前立一石敢当，房后立一避邪镇妖之物，以求得心理上的平衡安慰。山西祁县乔家大院从一号院的院门向里走

王家大院的石雕

曹家大院的泰山石敢当

时，地平线逐一抬高，至尽头的正屋，还要修建几级踏步，既迎合了风水术中“前低后高，子孙英豪”的说法，又符合建筑物的内在要求。明清时的山西许多民居建筑物，多为负阴抱阳、背山面水的特点，背山可以迎纳阳光和温暖气流，面水可以迎接夏日的凉风，向阳可以采纳良好的日照，缓坡可以避免淹涝之患，建造良性循环的小气候。这既有科学的一面，也有媚俗的成分充斥其中。

中国人发明的指南针神奇地、永恒地指向南方，中国的帝王面南而居，晋商大院的正房也都面南而建。中国有句俗话“不撞南墙不回头”，华夏大地上无数石狮、铁牛、铜马、陶俑也都面南而立，目光穿越群山，越过江河，向着南方。“天下衙门朝南开”更是流传至今的北方建筑习俗。“南方”在中国文化中的意义或许比我们通常理解得更加深刻，更加久远。如果从阴阳五行来讲，南方代表的是火，火是光明，是希望。从最古老的伏羲八卦图看，南方为乾，乾为天，乾为阳，乾为刚，是大道大德。战国以来，五行说颇为流行，并出现五行相生相克的原理。相生意味着相互促进，如木生火，火

山西祁县古街

生土，土生金，金生水，水生木；相克意味着互相排斥，如水胜火，火胜金，金胜木，木胜土，土胜水。

自宋代以来，阴阳五行、八卦风水说在北方极为流行，住宅的平面布局很大程度上依“五行八卦”而决定。宅子的地势如果与四神相应，最为吉祥，可以增寿添福。古代神话中，青龙、白虎、朱雀、玄武称为道家四灵，分别代表东、西、南、北四个方位和青、白、红、黑四种颜色。古人认为，上为阳，下为阴，左（东）青龙，右（西）白虎，前（南）朱雀，后（北）玄武。“宁让青龙高三头，不让白虎压一筹。”所以风水里就有“东高西低，阴不压阳”之说。而且还强调建筑物的后部气势要高，东边青龙有流水，西边白虎有道路，前有朱雀把门，后有玄武镇守，这样的宅子才算是福宅。

基址确定之后，还要请风水先生相宅。风水先生根据建房者的生辰八字，决定住宅中轴线的角度。风水先生先用罗盘定准正南正北向，再向左或向右调一定角度，叫作“抢阳”。这是说主人的命不够硬，朝正南建房，恐承受不起。其实，普天之下只有皇宫才可以朝正南开门。一经确定正院、正房的位置和尺寸，其余厢房、倒座房、偏院各房就可依照一定的程式递减，全院的格局也就基本上确定了。“仁者乐山，智者乐水”这一理念，早

晋商大院中精美的石雕

山西祁县渠家大院内院

已渗透到几千年中华文化的方方面面，选择宅基地的首要标准是背山面水，宅主人既要享受仁者的崇高，也要享受智者的惬意。这种选择，既是地理的原因，也有生活方便的考虑。

从晋商大院的总体布局考虑，让宅院尽显民间吉庆祥和的气氛，表达了人们对美好生活的憧憬向往和不息的生命追求。宅子的主人将吉祥文字、吉祥动物、吉祥花卉雕绘在庭院、门楼、屋宇之间，营造和添加喜庆的气氛，对调整人的心态，陶冶人的情操都有益处。福、禄、寿、喜等吉祥文字，可以变化成多种式样，用于器具，用于建筑，用于布局，美观适用，简单易行。如“寿”字，古来有称为百寿图者，将寿字写成百种不同字体。百种以外，还有更多种花纹演绎成的寿字。喜字常用双喜，两字相并，喜上加喜。福字的巧妙变化多用于窗格、屋脊、门楣、护栏、楼板，福气多多，既是愿望，也是祈福。

祁县的乔家大院一条甬道将六个院落划分为南北两大部分，北面三院依次为老院、西北院、书房院，南面依次是东南院、西南院、新院。从高空俯视，

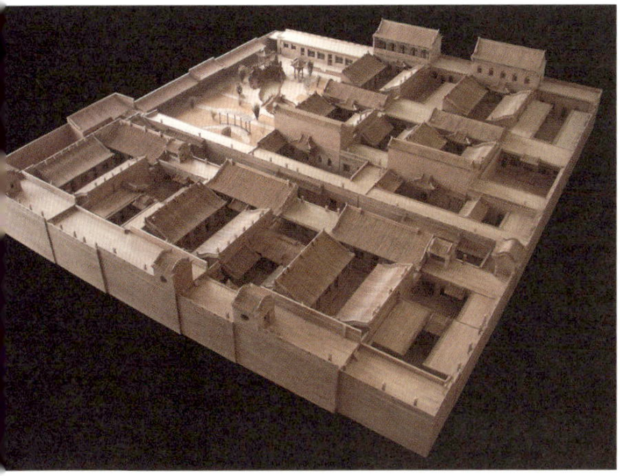

乔家大院建筑结构模型图

山西灵石王家大院俯瞰

乔家六院的布局呈现一个完整端正的“囍”字结构，主人欢悦祥和与双喜临门的美好愿望尽收其中。同时“囍”字结构，有建筑美学的讲究，紧凑、对称的特征在此一应俱全。

灵石静升的王家大院分为高家崖和红门堡两大建筑群，其中，红门堡以其内部相通、横平竖直的几条甬道摆出了一个“王”字阵，巧妙地将王氏之姓规划在院子里，将前辈人对子孙后代加官晋爵的期望寄托其间。王家将其居处布局成一个“王”字，符合天人感应、天人合一的道理，倡导“罢黜百家、独尊儒术”的董仲舒，在其《春秋繁露•“王道通三”》中指出：“古之造文者，三画而连其中，谓之王。三画者，天地与人也。而连其中者，通其道也。取天地与人之中以为贯而参通之，非王者孰能当是。”王家姓氏与儒家思想在红门堡王氏院中巧妙地糅合在一起，可谓是抢占天时、地利、人和之杰作。

太谷曹家大院的三多堂则将房主人期盼多子、多福、多寿的民俗文化贯通其间，院落呈现“寿”字形结构。时人对“三多”是如何解释的呢？清朝考据学家梁章矩在其《浪迹续谈》卷八中言及：“今人每以三多为颂祷之词，问其出典，辄以华封三祝应。然华封事见《庄子·天地篇》，尧观乎华，华封人祝曰：‘使圣人寿，使圣人富，使圣人多男子。’未尝指为三多也。三多事惟见《玉海》载杨文庄公微之言曰：‘学者当取三多，乃看读多，持论多，著述多也。’此言甚有味。”对于大多数人来说，仍以多福多寿多子为生命的本质追求，孔圣人的一句“不孝有三，无后为大”，足以让务实的中国人不敢忤逆。

清代道光、咸丰年间，有着经商传统的山西祁县人，在县城及附近的镇子上广设店铺，布号、钱庄、票号、盐庄齐全，现在祁县城里还有近四十座明清多进院落，保存基本完好。这几十座宅院，基本上是清一色的灰砖墙瓦，房顶上用砖砌成“士”字形或“吉”字形的短墙，表达主人追求升官发财和人生如意的美好愿望。

华夏民族对福、禄、寿的追求有着悠久的历史。晋商大院建筑装饰中，运用最多的是祥兆吉语，其中，福、禄、寿之类的字眼，出现频率最高。祥就是福，因此说到吉祥二字，首先就是“福”气。《诗经》里多次提到吉祥字眼，《诗经·小雅·鹿鸣之什》写道：“天保定尔，亦孔之固。俾尔单厚，何福不除。俾尔多益，以莫不庶。天保定尔，俾尔戬穀。罄无不宜，受天百禄。降尔遐福，维日不足……君曰卜尔，万寿无疆。神之吊矣，诒尔多福。民之质矣，日用饮食。群黎百姓，遍为尔德。”诗里除直接使用“福”“禄”“寿”字眼外，还有暗喻福、禄的字，其中的“戬”，福也；“穀”，禄也。《诗·小雅·甫田之什》：“瞻彼洛矣，维水泱泱。君子至止，福禄如茨。”“福禄如茨”的含义是

山西太谷曹家大院大门外景

福和禄层层堆积，如屋室之高，如日月之久。福、禄、寿星，是道家尊奉的三位神仙，人们渴望三星高照，因此在居室的门楣、挂落和门楼间，常常雕饰福禄寿星，三星高照的人生可谓是没有缺憾的人生。

《尚书·洪范》载，世间“五福：一曰寿，二曰富，三曰康宁，四曰修好德，五曰考终命”。五福常驻，主家安宁。于是人们借五只蝙蝠环绕寿字，称“五蝠捧寿”，表达炎黄子孙的美好追求。五蝠捧寿图在历代汉族寺庙、宫殿中也被作为吉祥的装点。另外，装饰“五蝠捧寿”的地方，暗指此处是老人寓所，族中倡导的是“孝”道。“猫蝶图”的装饰民俗也由来已久，旧时常合绘猫蝶为先辈祝寿，“猫蝶”取“耄耋”的谐音。

晋商大院中常见的壁雕还有“鹿鹤吉祥图”，隐喻着宅院主人对高官厚禄和长生不老的追求。鹿为“禄”的谐音，鹤既有长生不老、青春永驻之寓意，又是清代一品文官的补服上绣的禽，暗含人们追求高官厚禄，期盼荣华富贵的愿望。《诗·小雅·鸳鸯》载：“君子万年，福禄宜之。”万年为寿，福、禄与“蝠”“鹿”同音，所以“鹿鹤吉祥图”之类的图案在建筑饰物中最为常见。

祁县渠家大院的门墩上，有佛手香炉浮雕，取方言中“佛”与“福”、“手”与“寿”的谐音，静卧门上的石墩子也要为主人全家祈福、增寿。长治申家大院中，门墙瓦当以“寿”字作图，墙由元宝状的砖石垒成，瓦当间的凹陷处，以

乔家大院门墩石上雕刻了一匹马，上有猴子，寓意“马上封侯”

乔家大院屋檐雕刻精美，连烟囱都很精致、讲究

蝙蝠瓦衔接，既有防止屋顶积雨积雪之实用功能，又有人文装饰的艺术效果，实则将福、禄（元宝墙）、寿三种吉祥寓意统统融入家宅之中。对普通百姓来说，在生活中始终不懈地追求福星高照、天下太平，而当时的皇室贵胄们，也同样如此。

民间修建屋舍间数，大多以三五间为准。最简单地说，阳宅间数为阳数，也就是奇数，一三五七九，其中九是最大的吉数，为极阳之数,故有尊九之制。“九”与“久”同音,因此从字音和字义上讲，其他数字无以匹敌。然而用到建筑上，封建帝王独享此数，象征至高无上的皇权。明清建筑将尊“九”之制发展到了顶峰：明代永乐年间建筑北京城时，修建 9 门；天安门城楼，面阔 9 间；紫禁城的大门，横竖 9 路门钉；故宫房舍，9999 间；天坛圜丘坛，是一个 9 和 9 的倍数的建筑奇迹，从各层石板到四周石围栏，再及台阶数字，无不隐含了尊“九”之制。

天子独享“九”之阳数，普通人可以使用的最大阳数是“七”，而七通常是人们忌讳的不吉利数日。当年武则天改李唐王朝为武家天下时，将国号“大唐”易名“大周”，都城从长安迁至洛阳。为

山西潞城申家大院

山西榆次常家庄园的屋顶气势恢宏

了使洛阳城的规模不在长安之下，武则天诏令天下，扩建洛阳。朝臣博游艺报告说："拟徙关外雍、同、秦等七州户十万，以充洛阳。"女皇闻报，道："七州七州……'周'可吃么？"因为"七"与"吃"有谐音之嫌，如何了得？博游艺连忙改口说："陛下，臣该死罪。当加八州为是。"此时又有佞臣在旁附会："八也不可。"八与拔谐音。七不吉，八不祥，最后以"十州户数，十万人口以实洛阳"。

数字的顺当与否，是人们比较讲究的一种潜意识中的民俗文化，人们喜欢三、六、九这几个数字。大部分情况下，三表示多，如人们熟悉的汉语成语三思而行、三番五次、三言两语、三五成群，都是泛指多的意思，而不是狭义的"三"；而九是三的倍数，又是个位数单数字里面最大的，即多多益善。其实，人们最多附会的数字是七。七与"气"同音，谁愿意经常有气呢？心平气和才是人们追求的境界，所以尽量避免与七相会。不过也有少数人取七与"起"相通之吉，榆次车辋村常家庄园的藏经楼为大七间的二层楼，平遥日升昌票号的经理侯殿元修了七间七檩的大宅子，不过后者也因违

山西榆次常家庄园剪影

犯了建筑规制而身陷囹圄。奇数运用到台阶建筑上，正房的台阶五级、三级居多，而一两级的台阶通常用于厢房，管家房、佣人住房、厨房一类的建筑物有的就没有台阶。

第三节 方言谐音 民俗奇葩

谈到民俗，就不得不涉及当地的方言。方言是民俗文化的重要载体和形式，也是解开民俗文化之谜的一把钥匙。在对晋商大院语言和民俗的调查中可以看到，山西商人修筑的深宅大院中，精心构思和巧妙设计的雕梁画栋间蕴藏着丰富的文化内涵。从门窗到牌坊的各种石雕、砖雕、木雕艺术作品，承载了古老中国的传统习俗，囊括了中国传统文化的方方面面。最常见的是用砖、石、瓦材料，以义、形、音的方式，或明示或暗寓蕴藏吉祥富含哲理的雅俗文化。

关键词：方言 谐音

山西祁县方言读音中，声母无舌尖前音与舌尖后音之分，一律读为舌尖前音，并且平声不分阴阳，因此“枝”同“子”，“四”同“事”，“狮”同“时”。在祁县渠家大院中，把一至九的数字巧妙嵌入雕刻艺术品中，如一蔓千枝、和合二仙、三星高照、四狮护栏、五蝠捧寿、鹿鹤同春、七巧回文、八仙过海、八骏九狮，将大院点缀得生机勃勃、情趣盎然。其中，“一蔓千枝”寓意“多子多福”，“四狮护栏”寓意“事事”“时时”如意。

祁县方言中，没有声母 [f]，凡读声母 [f] 的字一律读为声母 [h]，因此“护”与“富”、“虎”与“福”读音相同。在祁县乔家大院门口有两尊石狮雄立门

山西祁县渠家大院门楼上的雕刻精美绝伦

山西祁县乔家大院福德祠，是一大型砖雕

两侧，起着护家避邪的作用，称为“双狮护门”。祁县方言中“狮”与“喜”发音近似，因此寓意“双喜富门”。乔家大院的石雕作品中，动物形象较多，“虎”为其中之一，“虎”同“福”，寓意“福降”，希望家族发达昌盛。

祁县方言中，韵母无前鼻音和后鼻音的区别，且平声不分阴阳，因此“清”同“琴”。在乔家大院所有房间的屋檐下部都有真金彩绘，其中不乏谐音现象。彩绘一架琴、两棵白菜，取“一清（琴）二白”之意，表示做官人家要清正廉洁。乔家大院与侧院之间有一大型砖雕土地祠（又名福德祠），上面雕有松树、桐树和蹲于太湖石上的九鹿，在祁县方言中，“鹿”同“路”、“桐”同“通”、

"松"同"顺"，因此预示着"九路通顺"，寄予了主人对事业及生活的美好愿望。土地祠中间还有一个石槽，专为摆放供品使用。逢年过节，乔家人祭祀祖先神灵要在这个石槽上放三样物品，其中一样是"豆腐"，原因不仅在于乔家是靠卖豆腐起家的，而且与"斗富""都富"谐音，寄予山西商人希望生意兴隆，富甲一方。

乔家大院二院的马头正面为犀牛贺喜，"犀"谐音"喜"。另有乔家四宝之一的"犀牛望月镜"，"犀牛"谐音"喜牛"，是大吉大利、喜从天降的吉祥物。

◇ 乔家大院浮雕花卉

乔家大院二院过厅的木夹扇上，刻有大型浮雕"四季花卉"。其中，夏天的莲花，"莲"同"连"，取"连生贵子"之意；冬天的梅花，"梅"同"眉"，即"眉清目秀"之意；春天的牡丹表示荣华富贵；秋天的菊花表示健康长寿。四个季节、四种花卉表示四种美好的愿望。乔家大院四院门楼中左边为双鱼、戟磬，为吉祥如意图，是传统的吉祥装饰之一，以古代兵器中的戟、乐器中的磬和鱼纹组成的画面，取"戟"与"吉"、"磬"与"庆"、"鱼"与"余"的同音来表示"吉庆有余"。

◇ 山西长子荫城古镇古民居中的砖雕局部，雕刻细腻、生动。

乔家大院中有木雕花板柳，表示要开泰运。俗语云："三羊开泰运，五福（蝠）转新机。"柳树发芽早，表示随着阴消阳长，冬去春来，运气一天比一天好。柳树的树身上缠绕着枝蔓，好像一条长带，表示"万代（带）盘长""漫（蔓）长久远""子孙万代"，寄予了主人希望家族人丁兴旺的愿望。大院门背后上边有管门扇的长形木板，叫“管扇”，管扇上露出门外，门边上凸起的疙瘩叫门档，上面有一对吊灯，下面一对石狮，因石狮有护家避邪的作用，所以组合起来就是我们通常说的“天上的一对，地上的一双”。“档”与“当”同音，因此寓意为“门当户对”。

山西长子荫城古镇民居中的砖雕

灵石王家大院的一组抱鼓石，上图是延年松鹤、亮节竹枝对称，下图有簠中寿桃、簋中苹果。“苹”同“平”，因此取平安长寿之谐音。簠、簋为古代祭祀器皿，用以盛食物，商周时代“簠簋俎豆，制度文章，礼之器也”。旧有“簠簋不饰”之语，比喻为官不正。不饰即不整饬，后来人们弹劾官员贪赃枉法，多用“簠簋不饰”一词。王家把簠簋礼器雕刻于大院门口，意在告诫族中当官之人须清正廉洁，如此才会永葆富贵荣华。

晋商大院砖雕艺术

生动形象的谐音寓意，是山西民俗和当地方言谐音巧妙结合的产物，包含了人们美好的物质追求和精神享受。晋商大院是明清北方民间传统文化价值观的重要载体，大院的每一个建筑构件都体现了实用与艺术的高度统一。晋商大院的一石一雕都渗透着中国古代文化的精髓，每一个细节都折射出山西晋商的辉煌与大气，方言谐音的妙处也在此发挥得淋漓尽致。吉祥俗语不仅能使人们深刻了解山西的风土人情，还能开启人们心灵的闸门，使人沉浸于甘醇的民俗美感中。

第三章

巧夺天工　艺术瑰宝

晋商大院遍及山西全省，其中以晋中的太谷、平遥、祁县、介休、榆次，晋北的保德、大同、浑源，晋东南的沁水、阳城和晋南的临汾、襄汾等地更为集中。现存的晋商大院以其宏大、厚重、古朴、多样的特色，展现了明清时期中国北方民居建筑的特别风采。山西现存的晋商老宅院，规模大，建筑精，品位高，占地动辄几十亩上百亩，屋室少则几十间多则上千间，结构多为窑洞和楼房的结合体，院子多以长方形为特征，高墙深院，美屋峻宇，亭台楼阁，廊厦栏榭，折射出中国民居建筑文化的魅力所在。

晋商老宅是明清晋商的巨额财富与中国传统文化、建筑艺术、科学技术结合的建筑实物。工业化以前的屋舍建筑完全由人工建造，因此每一处晋商老宅都可能成为当今世界独一无二的建筑标本，或明清北方民居的独有模式。这些建筑具有的美感、韵律，是许多人沉迷其中的主要原因。

现存的晋商老院中，乔家大院的浑厚，王家大院的恢宏，常家庄园的闲适，渠家大院的清雅，曹家大院的坚实……晋商依托山西人文地理环境，营造出山西民居多姿多彩的建筑风格。晋商老院的一土一砖一石一木，一面照壁，一扇门窗，一截烟囱，一段望柱，都蕴涵着主人的生活情调、对生命的理解以及主人或建筑者的匠心独运。

第一节 空间布局 多变复杂

晋商大院建筑以木构架结构为主，在木构架外围多砌有厚重砖墙，房舍建筑高大厚实，形成森严壁垒的气势。其建筑空间布局形式的显著特点是规模宏大，大院套小院，布局严谨，采用四合院的形式，前后串联或左右并联；形态规整，景致独特，装饰华丽。

关键词：规模宏大 布局严谨

晋商大院大多为一进、三进或多进院落，也有带偏院的，主要包括正房、东西厢房、倒座、垂花门、大门、影壁等。院落多用三三制，即正房、厢房、倒座都是三间构成的四合院，较大的也有正房五间的。厢房有里七外五，或里五外三等。正房坐北朝南，南房为倒座形式。大门一般位于东南角，也有的正门居中，用于讲究礼仪、做官或有文化之家。分为“倒座”式和“穿心院”式两种。前院与内院常用垂花门分隔，前院外人可进入，内院非请勿进。早在宋代，司马光《居家杂仪》已载：“妇人无故不窥中门……男仆非有……大故不入中门。……女仆无故，不出中门。”前院主要用于会客、门房、客房或堆放杂物；内院由正房、厢房和耳房组成。正房为长辈居住，厢房为晚辈居住。厨房、厕所、库房有的设于正房后的窄院之内，厕所有的设于宅西南又名

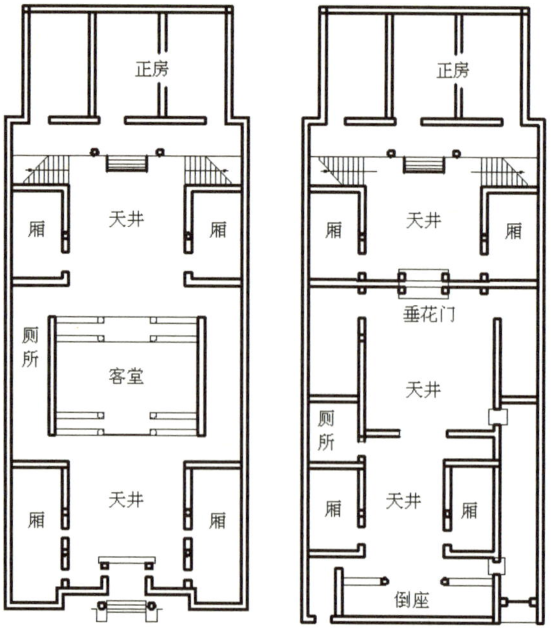

左为“穿心院”图示，右为“倒座院”图示。

“王鬼头”方向。由于是多进院落，大门、过厅、堂屋建筑起屋脊，一脊比一脊高，寓意“连升三级”。深宅大院，以纵深增加院落的层次感；横向发展，增加平行的几组纵轴，在厢房位置开辟通道以加强空间的通透感。

在晋商大院的建筑中，根据室内空间的使用功能和性质不同，大致可以归纳为以下几种类型。

（一）厅堂

厅堂作为中国人生活中最为重要的活动空间，也是传统住宅中重要的组成部分。自古以来，它在中国人的政治、社会和日常生活中以及宗教礼仪等活动中均占有重要的位置。自古以来，人们以能居高堂为荣耀。作为住宅中礼仪性的空间，在家庭结构中占据着精神、行为的统治和中心地位。从使用功能上看，可以分为正规礼仪性厅堂、起居室式厅堂和娱乐休闲性厅堂。晋商大院以起居室式厅堂为主，分为商用和家用两类，是全家人起居生活和会客的中心，其空间格局和平面布置严格依照轴线对称布置。

以灵石静升王家大院“凝瑞居”厅堂为例。其内部空间是典型的中轴线

山西灵石王家大院凝瑞居外景

山西太谷曹家大院内装饰

对称型布置。中国传统文化中，最看重平衡观念，这种思维方式也深深地渗透到室内空间中。在凝瑞居大厅中，迎面居中悬挂蓝底金字的大匾，手书“诗礼传家”四个大字。下面是一大型的背景图式座屏。前面布置一大核桃木翘头案和八仙桌，案上正中陈设小座屏，东瓶西镜，取义为“平静”。翘案左右摆放一对大花瓶。八仙桌左右是一对太师椅和灯架。位于厅堂中心区两边，是所谓的人性化的辅助区，沿中轴线两旁顺序布置两椅一几，主客、尊卑、上下等级秩序一目了然，是整个空间的视觉中心。厅堂的东墙和西墙，布置有博古架。主人在这种稳定平和的状态中平静而安详地生活，这也许代表了中国历史上一般人最为理想的追求，充分体现了传统室内设计在空间形态、家具布置和艺术陈设综合运用方面的丰富内涵。

（二）卧室

卧室空间是供人们起居和休息睡眠的场所，具有很强的私密性。晋商民

山西太谷曹家大院内部装饰

居的卧室一般布置在北屋明间的两侧，即东西耳房或者东西厢房。由于地区和气候的差异，山西绝大部分地区是以火炕作为卧室的主体，炕占得面积比较大。有的卧室比较大，就用落地罩或者炕罩进行分隔，具有装饰美化作用。有时还可以挂上布帘，既可以保持炕的私密性，又具有保温的效用，形成一个相对封闭的空间。通常火炕上还配套布置一些家具，如炕桌、炕柜、炕几、炕屏、炕橱等。炕橱、炕柜一般摆在沿炕的两侧壁，上面叠置被褥。清朝晚期，以高大炕柜最为流行，炕桌置于炕上居中位置，炕案常置于炕之侧端。炕几很小巧，主要用来放置茶具之类。

山西冬季比较寒冷，冬天除了烧炕御寒之外，有的也在炕沿另砌一方形灶台烧水取暖。在平遥蔚泰厚票号掌柜房内和灵石静升王家大院等院落的卧室中都可以看到。烧火灶台和火炕两位一体，炉灶能借助烧炕的热能，使水壶保温，使人足不出户就能饮用热水。

有的卧室里靠后墙大条几上陈设几件典雅的瓷器，如座镜之类，或悬挂几幅名家字画，大小不等的自鸣钟，有壁挂的也有台座的。女室中，梳妆台

山西太谷曹家大院屋内陈设

大都陈设在山墙靠壁，几面不同角度的镜子，方便梳洗化妆。茶几上陈设着简洁的几件茶具，有紫砂的、江西景德镇细瓷等，作为室内的配饰。男室中，一般陈设有一米多高的景泰蓝大花瓶，两米多高的大挂钟，琴、剑、棋略作点缀，尤其是楹联、匾额大部分是出自名家之手。在卧室中，除火炕外，还有榻、衣架、灯架、盆架、镜台、橱柜、条案和椅墩等家具。

（三）祠堂

祠堂又称家庙，是中国传统的敬祖思想的主要表现形式。祠堂有多种用途，除了“崇宗祀祖”之用外，族亲们有时为了商议族内的重要事务，也利用祠堂作为聚会场所，其目的是为了弘扬中华崇拜祖先和孝道为第一人品的思想，维护和发展宗族统治。祠堂也是族长行使族权的地方，凡族人违反族规，则在这里被教育和受到处理，所以它也可以被形象地称为封建道

德的法庭祠堂，也可以作为家族的社交场所。祠堂建筑一般都比民宅规模大、质量好，越有权势和财势的家族，他们的祠堂往往越讲究。高大的厅堂、精致的雕饰、上等的用材，成为这个家族光宗耀祖的一种象征。

在晋商各大院中基本上都建有祠堂，榆次车辋村常家庄园的常氏宗祠就是其典型代表。常氏祠堂位于北常后街东端北侧，院为三门四进，结构舒展，气势恢弘。祠堂院的主要区域有正厅和配厅，正厅面阔五间，东西两侧有配厅五间，正厅中三间设有精美的木雕抱厦，内置常氏历世先祖的神龛牌位。配厅则是准备在正厅供满木主后，按照左昭右穆的规则续行安放。厅堂内部除了摆放神龛牌位之外，还设有条案、桌、香炉、蜡台等祭奠器具及供品，

山西榆次常家庄园常氏宗祠外景

山西榆次常家庄园祠堂内院

营造出一种庄严、静穆的格调。站在正厅门前，回首南望，穿过献厅、三门、二门、石栏围栏门，就可以看到祠堂前的“八”字形百寿影壁如一座屏风，严严实实地将三进门全部挡住，不留一丝空隙，可见当时建筑之匠心。

（四）书房

书房是文人士大夫求学问道、修身养性的场所，书房在住宅建筑体系中的地位仅次于厅堂和卧室。有的晋商大院的主人也很重视读书，如榆次车辋村常家庄园贵和堂的偏院正楼，面阔七间，就是常家文人聚会的场所，常氏子弟在这里研读探讨、吟诗挥毫，学风勃兴。为了能让晚辈有良好的学习环境，常家各门都花费巨资购书，贵和堂的藏书更是经史子集门门俱全，百家杂著琳琅满目。以丰富的藏书为基础，才树起了晋商各族延绵至今的文化大旗。书房内布置陈设相对自由一些，少了一些庄重，多了一些雅致。

晋商民居书房室内家具品类多样，大多质优工精，有桌案、椅墩、博古架、床榻、文房四宝等。书籍、文玩和其他艺术品陈设在各类架、格、柜等上面。

书房摆设展示

书房中最重要的物品是书籍，主人借助书籍传递户主的文化修养和道德品质。书房内必备的物品还有琴桌、都承盘、砚匣、笔格、笔床、笔屏、图书匣、烛台、书灯等，它们都是文房内的标志。

（五）厨房

民以食为天，自古以来，厨房对于人们的生活有着极其重要的作用。从上古时代人类对火的崇拜到把火引入到各个家庭以后，人们对火的崇拜逐渐转为对灶神的崇拜。灶神俗称灶王爷，灶王爷掌管饮食，司职命运，监察善恶，因而民间对灶王爷是笃信虔诚的，山西民间将它供在家中灶头，腊月二十三灶王爷上天时，香火糖锡为之送行，大年初一再把它接回来。在建筑平面布置上，厨房大多处于轴线外的偏隅之处。在晋商大院中，厨房与佣人房、客房等均设在偏院。例如灵石静升王家大院敦厚宅跨院就由南向的书塾和北向的厨房构成，厨房院分三进，南向两进仆人用餐之所在，北院由主人享用。位于厨院中部的下窑上房式建筑一层是灶间，二层则是主人的餐室，它的位

厨灶

置正好是主仆活动的界定。厨院窄长，仆人的餐室不宽敞，二层的东房给人压抑感，仆人也有身份高低之别。二层窑房比东房要高，窑房中的东窑是灶台，西窑是仆人服侍主人用餐的通道，在用餐的场所也不忘体现主人的权威性，体现尊卑有别的礼制思想。厨房的室内空间布置一般比较简易，设施简陋，空间狭小。

晋商大院的建筑单体平面尽管简单，但室内空间有其丰富多样性。

首先，室内空间体量大小与功能匹配适当。一般而言，室内空间的尺度与空间的使用功能相一致。大院中的厅堂、正房就比东西厢房和耳房的空间体量和尺寸要大，主人的住房也比仆人的住房尺度大。厅堂主要是主人平常会客、商谈的场所，坐落于外院中轴线上，是前院和内院的过渡空间，其主要功能是沟通前后两进院落。厅堂形制有三开间、五开间的，建筑形制的等级比较高，厅内都是青砖墁地，梁架堆金沥粉，雕梁画栋，装饰十分考究。厅堂正立面基本都设有檐柱，这充分体现了房屋主人极高的社会地位。檐柱下的木雕、彩绘绚丽多姿，并将空间组织的一致性贯穿始终。厢房是主要的卧室空间，内院两厢主要是子女居住，外院两厢多为下人居住。厢房的空间尺度相对于厅堂就小些，过大的空间将难以造成亲切、宁静的气氛，而且，由于北方冬季寒冷，卧室尺度小些有利于御寒保暖。

其次，室内空间虚实相生。晋商民居建筑室内空间的虚实关系是相对和有机的。从空间构成的方面来说，虚与实的构成呈现着互相渗透、互相融合的意味。在大院的正房，中间是起居室，两边是卧室，构成一明两暗的格局。从围合程度和虚实方面看，作为起居室的明间为虚，两边被隔扇等围合的卧室为实。从建筑室内空间围合的立面要素层面来看，可分为虚和实两部分，墙为实体，门窗为虚体，虚实两个立面要素构成了十分明显的对比，介于两者之间的隔扇、罩、博古架等，以半虚半实的特性，在虚实体的对立中，起到一种调和、过渡的作用，给身临其境的人带来一种舒适惬意的感受和心情。室内的虚实性，还表现在虚实关系的互相转换上。对于建筑的构架而言，墙体为实，中空为虚，门墙为实，梁柱则虚。在厢房普遍使用炕罩，夜间将炕罩上的帷帐合上，便形成具有私密性的寝室空间，具有明显的围合作用；到了白天，归拢帷帐，有利于

山西太谷曹家大院屋内陈设

通风、采光。帷帐的质地为实木框架和透镂芯板，形成虚实相间的意味，与室内空间浑然一体。

再次，分隔手法多样化。由于传统室内空间的分隔和组织与建筑设计、结构设计具有相互独立性，内部的分隔没有完全放在一个既定的建筑平面中来考虑，为了满足各种需求，必然会创造出极多的空间分隔和组织形式。由于使用功能的不同，往往在建筑内部利用各种手法，构成似隔非隔的渗透空间关系，力求在有限的空间中，增加空间的层次性，并由此形成了各类的虚拟空间、通透空间和心理空间的生成机制。空间分隔的手段多种多样，有墙体、门扇、隔扇、屏门、屏风、帷帐、罩、架、格等。例如，罩在晋商大院室内空间中就应用广泛，形式多样，安装于正房、厅堂、厢房等进深方向或面宽方向的柱子之间，集分隔空间、美化空间、联系空间于一体，形成隔而不断、似隔非隔的空间感。形式各异的花罩，以透空的木雕式样呈现于室内空间中，通体的虚敞性对于分隔的两个空间产生了朦胧感和不确定的空间流动感。在罩旁设置帷帐、纱帘等，进一步加强了空间的分隔作用，不仅装饰了空间，而且加强了空间的流动感。

明清时期建筑内檐装修兴盛发达，使室内空间丰富多彩，装饰装修美观，为居住者和使用者所接受和欣赏，这成为晋商大院室内环境装饰的显著特点。由于晋商民居建筑的结构体系为木框架结构，尽管每一个建筑单体的形体空间比较单一，但在内部空间的组合和塑造上却异常自由。在这种结构体系中，室内一般不需要承重墙体，这就给室内空间组合和划分提供了较大的灵活性。在清代，由于营造技术的不断进步，更为室内空间的塑造提供了保障。

空间的丰富导致营造空间方式的多样。在晋商民居的室内空间中，往往利用各种形式的分隔手法，构成似隔非隔、似分似隔的空间关系，满足室内不同功能的需求，以取得围中有透、通中存隔的空间意味，力求在有限的空间中寻求无限的感觉和韵味。就空间分

屏风

隔的手段而言，具体有墙体、门扇、隔扇、屏门、屏风、帷帐以及各种隔断设施。有固定式和移动式两种。隔断是最为常用的，隔断的类型也多种多样。所谓隔断，就是室内空间分隔的设施，这是一种可以移动和变换的隔断设施。室内隔断的形式非常多样化，既有完全隔绝的隔断墙，也有不完全隔绝的半隔断；既有标志或示意用作不同区域的功能，也有象征性划分区域；既有又隔又通的屏门，又有延连自如的帷帐、帘幔等等。这些隔断，既能分隔空间和通风采光，又能起到装饰美化室内环境的效果。从使用的材料来看，有砖、石、木、竹、纺织品、纸等，其中应用最广、变化最多、成就最大的要数造型多样、装饰精美的木质隔断。

（一）屏

屏风是晋商民居室内一种最灵活单纯的隔断，最初仅限帝王使用，其功能是遮挡风寒，"雍阏风邪，雾露是抗"。屏风作为室内的一种活动隔断，一般是作为重点装饰的陈设。它的最大特点在于灵活，可隔、可合、可障、可围，同时有选择地将不愿看到或接触的事物屏障在外，或者将私密之事隐藏于内。

屏门主要用于分隔厅堂，通常以六扇为一组，平时不开，仅在举行婚丧大事时才启用。安置在梁架后步柱中线位置上，起到屏风的作用。转过屏门

◆屏风

可由房屋的后檐门出去，其作用主要是阻挡视线，分隔空间，彰显高敞。一般以素板光面装饰屏门正面，有时也在屏门上施以装饰，常悬挂中堂和匾联。

（二）隔扇

隔扇也叫碧纱橱，是一种极具灵活性的活动隔断，常设于进深或两侧开间处。这样的木结构配置被称为“美丽的幕墙”。装设隔扇一般为双数，如四、六、八、十、十二扇等，其好处是可以找到双扇门的中心位置，具有对称性。如果固定使用时，隔扇中央两扇像房门一样可以自由开合，在其上往往还备有帘架，可以根据不同的气候和使用情况来挂帘子，或者因实际使用的变化需要对空间重新划分的时候，隔扇可以随时拆卸搬移。

（三）罩

罩也是晋商大院室内常用的一种分隔形式，常见的有落地罩、炕罩、飞罩。罩是由帷帐演变而来的，就形式而言，可分为地罩和飞罩。这是隔扇功能的延伸，用于主建筑的次间等中小型室内及出入口。落地罩装于室内对称的两柱之间，由各种形式的木花格或雕刻组成。中间是一个门洞，两边是接地的隔扇，其突出的是那个罩子，是在横梁下装一个罩，即隔扇的横用，具有装饰性。

炕罩也叫炕面罩，是装在炕前的一种装饰，具有装饰美化作用。有时还可以挂上布帘，既可以保持炕的私密性，又具有保温的效用，形成一个相对封闭的空间。

飞罩与落地罩的区别在于飞罩两个竖排列部分比落地罩要短，不接地，是悬在梁柱下的一个罩。但飞罩又不同于挂落，飞罩的接柱部分有立式的装饰。

（四）格、架

格与架很相似，都具备分隔空间的功能，其最具代表性的就是博古架，也称多宝格，功能是陈列古董、玩物、书籍等，一般陈列在开间处或整面粉壁前。格以玲珑剔透及隔而不断的形式给人以美感，集实用与美观于一体，既渲染了室内环境艺术的氛围，又反映了主人的审美品位。架作为背景的景观，以占用最少的面积容纳更多的物品，同时也折射出室内的人文气息和主人的涵养。

博古架

第二节　室内装饰　美轮美奂

山西作为中华文明的发祥地之一，拥有数千年的文化积淀，形成了特色鲜明的地域民俗文化，充分体现在明清晋商大院建筑的每一处细节中。这种具有内涵的装饰作为建筑物的点缀和装饰，使得壁垒森严的古老宅院焕发出美轮美奂的灵动。

关键词：装饰　地方民俗

先秦儒家思想主张在处理事务时要不偏不倚、恰到好处，追求一种“中庸”之道。晋商传统民宅的建造也贯彻了这一指导思想，基本采用主轴贯穿、主从分明、左右对称的严谨均衡的平面布置，但在对称中又时有变化，在多变中保持了整体的统一。在晋商大院的厅堂中，内外统一之对称、均衡的特征都得到了充分的体现：一进入厅堂，迎面是屏壁，构成室内的轴心和底景，形成视觉中心；屏壁前依次为条案、八仙桌、扶手椅，再往前为两旁分设的椅几，二、四、六对不等；条案上摆设东瓶西镜，中堂或成对的挂屏挂于屏壁上方，对联分设两端。这都体现了中正、均衡、对称的基本特点，给人以秩序、庄重、和谐的整体感觉。

中正、均衡这种认识也源于人类的生理、心理的本能和需求，左右对称给人的视觉愉悦与人双眼左右对称的结构机制有着内在的联系。室内陈设不仅为人们的生活提供了方便，也为室内空间增添了美感。室内适当地进行装饰是必然的，于是室内充满了各种供人们观赏的艺术品。在绘画、书法、雕刻等艺术手段中构成新的环境氛围，获得寓谐于庄、奇正相融的综合气象和意绪。如果从厅堂内的形式感和审美感方面来考虑，中正、均衡的格局确实让人感到沉重和拘谨，但是在厅堂等正规礼仪性的空间以外的室内，则有另一种感受。在卧室和书房等空间内，一般陈设比较随意，很少受礼仪性的规范所约束。

总之，晋商民居室内陈设格局和布置，既有以厅堂为代表的中正、肃穆、

◇ 剪纸

均衡和对称等严谨、理性、居敬和秩序的现象，也有如书房、偏厅、卧室等灵活、多样、自然和随意的状态。这正是居敬和闲适共存，伦理秩序和闲情逸致各得其所。晋商大院的室内装饰总体来说大致包括以下几方面。

礼制化、程式化的装饰。儒家提倡礼制，中国古代的室内装饰，以儒家思想与文化的总体价值为依据。《荀子·富国》中说道："礼者，贵贱有等，长幼有差，贫富轻重皆有称者也。"因此，要维护这种"贵贱有等，长幼有差"的社会和人伦秩序，便通过创设建筑和室内陈设的等级来实现。晋商又遵从儒家文化，那么其礼制在建筑室内空间中都有所表现。自上而下，坐北朝南，构成了背依屏壁、面朝入口的厅堂室内格局。在礼仪性的厅堂平面布置中，屏壁条案前的一对椅子，是主人与贵宾的首席，东为主，西为客。两

晋商大院中精致的砖雕，寓意吉祥美好

旁拱卫竖直排列的椅座，两椅一几，四、六、八座不等。两旁卑位处与尊位处的椅子在材料、工艺、造型、尺寸等方面都存在差别，以强化卑位的陪衬作用，宾主关系、人伦关系一目了然。

地方化、民俗性的装饰。我国幅员辽阔，而且是多民族国家，每个民族的生活习俗、宗教信仰、文化传承、技术水平、审美意识都不同，各地之间的建筑装饰风格受这些因素的影响，会产生很大的差别，具有明显的地域性。晋商民居装饰风格总的特点是色调沉稳、精工雅致、秋华艳丽。山西作为中华文明的发祥地之一，数千年的文化积淀，形成了异常浓厚和鲜明特色的民俗文化，这些古老的民俗文化在晋商民居的建筑及其装饰中充分地体现出来。剪纸艺术、堆锦艺术、木版年画、炕围画、皮影、推光漆器、雕刻等在建筑室内陈设中，体现出浓郁的地方风格，像一朵朵奇葩点缀着室内空间。

道、释文化的装饰。佛教文化不仅对中国的哲学、伦理、民间习俗等产生了深远影响，而且也影响到中国的建筑装饰文化，最为明显的是传入了大量异域的建筑造型、壁画和装饰纹样，大大丰富了中国的建筑及其装饰题材。如造型方面有须弥座、莲花座、涡式柱头、束腰柱等装饰，壁画方面有佛教的各种传说故事以及佛教形象，纹样方面有莲花、蔓草纹、宝相花等多种图案，这些题材图案经过人们的改造和深化，形成新的传统并一直流传。另外，佛教纹饰还有佛手、连珠、祥云等，这些纹样在晋商大院建筑上都能找到。道教崇尚神仙，认为神仙能驱邪避灾，能保佑人们升官发财，满足人们祈福祈寿等愿望，迎合了大众的心理需求。道教文化对传统建筑装饰有很大的影响，包括壁画、装饰图案等。用楼阁模型装饰墙壁在明清时期比较流行，晋商大院的主人为了敬仙，用砖或木材刻成楼阁形状嵌在自家的墙壁中，作为天地、土地、财神等神仙的神位进行供奉，这种现象体现了人们对美满幸福生活的祈盼。道教文化所表现的装饰纹样有太极八卦图、四灵图、暗八仙等，还有如鹤、鹿、龟象征长寿，梅、兰、竹、菊象征君子的情操，云纹、灵芝等象征祥瑞等，这些纹样在晋商大院中被广泛运用，大大丰富了传统建筑装饰艺术的内容和形式。

中国传统建筑装饰是中国传统文化遗产中的一个重要组成部分，体现了古人的智慧和精神，对居住环境方面的价值观和伦理观，也体现出中国的儒、道、释对传统室内环境布置的影响。建筑为室内提供了空间框架，室内各界面、隔断提供了局部领域和视觉背景，墙、地、顶棚界面的装饰紧密联系在一起，不可分割。

（一）地面铺设

对地面进行装饰主要有实用和美化环境的功能。一方面，通过装饰使地面平整，并且防滑、防尘、防潮、易清洁。另一方面，是对环境进行美化，得到视觉和心理上的满足。在晋商民居中，地面一般铺设地砖、石板，有的还铺设硬漆布和地毯，主要以实用为主。铺设地面的地砖有方形和条形两种，铺地砖的好处就是平整且便于清洁。石铺地面主要是用于室内空间的入口处，雕刻有精美的吉祥图案，称为过门石。如灵石王家大院凝瑞居厅堂入口处的过门石上刻有牡丹和玉兰，寓意“玉堂富贵”。地面砖石一般是素面饰面，只是原材料本身的固有色。素砖地面是全部用一种颜色的砖铺地，没有其他材料和色彩变化。素砖地面的地砖有方形和条形的区别，铺设的方式不同，产生的视觉效果也不同。简单的铺设方法有方砖平铺直缝排列、方砖平铺错缝排列、方砖平铺斜缝排列、条砖平铺错缝排列、条砖平铺“人”字排列等。

（二）墙面装饰

墙是最基本的建筑要素，墙与屋顶、地面共同构成人类栖息的建筑场所。墙面在整个室内环境营造中，起到为烘托室内装饰重点提供一个背景作用。

晋商大院中常见的地面砖铺设形式

墙是用石、砖、土等建筑材料筑成的，墙的功能多种多样，如分隔功能、隐蔽屏障功能、美化装饰功能等。通过对墙体的艺术装饰和处理，达到装饰美化环境的作用。

明清时期建筑装饰水平已日臻成熟，对于墙面的装饰积累了大量的宝贵经验。晋商民居中，室内墙面的装饰手法主要有抹灰饰面、粉刷饰面、彩绘饰面三种。抹灰饰面是一种最基本的装饰手法，使用的灰为白灰。抹灰可以使墙体更加亮白干净，美观大方。粉刷饰面是在墙面上涂饰一种叫白土的装饰材料，是传统建筑装饰最常用的手段。彩绘饰面，是用色彩和图案进行装饰，具体在墙面上是以墙围画和炕围画体现出来。墙围画、炕围画作为山西地方文化中一种地域性很强的造型艺术形式，是壁画、建筑彩绘、年画的复合体。

山西冬天天气较寒冷，家家户户都有火炕以取暖御寒，炕上的墙面极易脱落起皮，经常蹭脏衣物被褥。于是人们以颜料做底，色彩画花，桐油涂罩，绘成炕围画，既鲜艳亮豁，又坚固耐久。炕围画逐渐在民间流行起来。炕围画的高度一般为二尺左右，其长度根据炕的大小而定。它有一套固定的程式，即以上下两组边道，按照一定的规格布置成主体框架，中间安排各种画空，炕围画画空、边道以外的空间部分所涂色彩称为底。边道图案是炕围画的精华所在，边道的种类极为繁多，大多是具有吉祥寓意的图案纹样反复连续而成。画空也称“池子”，是炕围画的点睛之处，有长方形、圆形、菱形、扇形等多种形制。炕围画表现内容丰富，人物、花鸟、山水、风景无所不有。表现手法多样，工笔写意兼具，风格多样，具有浓厚的装饰意味，寄托着人们的审美情趣。墙围画墙裙相对于炕围画要简洁得多，其高度为 1.4 米左右，整体面积涂黑色桐油或黑漆，只是在收边部位有大约 2 厘米的区域作为装饰绘画的重点，图案的造型有两方连续或单独纹样等，题材有山水、花鸟、风景等吉祥寓意的图案。由于这些题材寄寓了人们对幸福生活的向往与寄托，故备受人们的喜爱，因而流传至今。

（三）顶棚装饰

在中国传统建筑的室内装饰中，顶棚是一个非常重要的装饰部位。顶棚的主要作用是保持室温、遮挡灰尘、遮盖不雅屋架，同时还能美化室内空间，对整个环境的营造具有一定的影响。晋商大院室内的顶棚装饰主要有平棋和彻上明造两种。

一种是为了不露出建筑的梁架，常在梁下用木条做成若干方格，然后在上面铺木板，板下施彩绘或雕刻，一般民居则用竹竿、苇秆、高粱秆等轻质材料作框架，然后糊纸，这种做法称为“平棋”，又名“仰尘纸”。另一种是不用天花、梁架均暴露在外的做法，在梁架上雕刻图案或者进行彩绘，这种做法称为“彻上明造”。这种做法的优点是使梁架保持干燥、室内空气流通等。

中国古代建筑中，为了装饰和保护木构件部分，对暴露在外面的木件，基本上都要饰以不同档次的彩绘。彩绘一种是以纯美化为主的图案彩绘，另一种就是图案具有一定的象征意义，隐喻着某种理念和思想。彩绘艺术最早出现于春秋时期，经过漫长的发展和演化，到明清时期进入全盛时期。彩绘的颜料以矿物颜料为主，植物颜料为辅，加以胶、粉调制而成。其特点是色泽鲜明、久不变色、

山西太谷孔祥熙宅院内部陈设

覆盖力强。有的颜料含有有毒成分，能起到有效的防虫蛀作用。其手法主要有叠晕、间色、沥粉、贴金等。到明清时期形成三种主要的彩画，即和玺彩画、旋子彩画、苏式彩画。和玺彩画主要用于装饰宫殿，等级最高；旋子彩画的等级仅次于和玺彩画，多用在次要的宫殿、配殿等建筑上；苏式彩画多用在园林中，也常用在民居建筑中。而在山西晋中一带却使用一种别具特色的彩画——汉纹锦彩画。

汉纹锦彩画是山西晋中一带普遍的彩画形式。据考证，起源于明末清初，完善于清代末期。汉纹锦彩画的前身是“一绿细画草片花”，这种做法可在榆次城隍庙后大殿东西两侧找到实例。根据不同建筑的要求，汉纹锦彩画又衍生出不同的工艺种类，如金青做法、五彩做法、素式做法等。汉纹锦彩画的等级，主要是依据贴金量和工艺的繁简程度划分的，等级形式从高到低有大金青彩画、二金青彩画、小金青彩画、上五彩、中五彩、下五彩和素式等。民宅和寺庙的图案不一样，民宅内一般不画龙，民宅内多画寓意富贵、吉祥的图案，寺庙多画佛教内容的图案。对于民宅彩画，主要建筑的外檐部分，

山西榆次老城中城隍庙

做金青彩画；内檐部分，一般是采用五彩做法。榆次常家庄园的养和堂、贵和堂、体和堂等建筑的彩绘属于正统的汉纹锦彩画风格。刷绿起金彩画也是一般的装修做法，但它庄重、典雅的风格很优美，图案形式稳重，所以很流行，它与汉纹锦彩画紧密关联，在乔家大院、曹家大院、渠家大院内部装饰上都大量地使用了刷绿起金做法。

第三节　家具陈设　点睛之笔

晋商大院是明清山西民居的代表，而家具陈设是民居建筑的重要组成。晋商大院中的家具多就地取材，制作精美，工艺复杂；陈设包括楹联、字画、古玩、屏风等，其中不乏稀世珍宝。晋商大院中的家具陈设帮助我们更直观地了解当时的人们在大院中的生活。

关键词：家具　陈设

人类适应不同的自然环境，形成了不同的地域文化，在地域文化环境的影响下，又形成了独特的家具和室内装饰风格。每一种典型风格的形成，都与当时当地的自然地理、人文环境有关。

晋式家具的总体特点是古朴、壮硕，与其他流派的家具相比，具有鲜明的特色，具体表现在以下几方面。

第一，本土化的用材决定了晋式家具在工艺上的特征。由于地域原因，就地取材，山西家具用料以榆木、核桃木、柏木及楠木为主。由于木材资源丰富，工匠能进行更多的实验创新和自由发挥，创造出许多我们现在看到的个性丰富款式多样的结构和造型。核桃木纹理细腻，但性脆，适于制作有雕饰的家具。榆木纹理华美，但质粗，适于大器形的制作。山西家具选材严、做工精，说到底还是山西人请木匠上门做家具的方式使然，因为选料者都是主家，工匠的制作过程都在主家监控之中，所以，很少会发生以次充好或用材不当的现象。做工精细，不仅体现在铆榫营构上，还反映在外表上，即横平竖直，弯曲有度，雕工娴熟，打磨细道。还有一种较有特色的家具叫包镶家具，山西人叫包皮家具，即以软木为骨，外包硬木为皮。另外还有一些是内心为软木，外边镶硬木的，两者做法统称包镶。包镶家具虽然美观耐磨，却十分费工，所贴硬木不到半厘米厚，平展地包贴在软木胎骨上，显示了山西工匠极高的技艺。

第二，晋式家具的造型基本源于明式家具，并在一定程度上糅进了宋、

山西榆次老城博物馆展出的古家具

辽、元时期的特点。晋式家具用料大气，追求一种威武、壮硕的风格，有北方游牧民族的剽悍气韵。有的家具上保留着少数民族风格和地域文化的特色，如辽金时期，人们喜欢在家具上进行多层雕刻等。在山西软木家具中，有相当一部分与黄花梨家具的造型结构、制作手法基本相同。现存的一些高柴家具的制作年代也早于硬木家具，年份可上溯至元代甚至宋辽金时期，而结构也比黄花梨、紫檀家具丰富多彩。中国硬木在明隆庆年间的大规模进口之前，软木家具一直是家具主体，在目前所能见到的山西传世家具中，不少形制可以在宋元甚至再早前的庙宇、墓葬壁画、古代书画中觅到影子，这些形制在山西至少流传了上千年。另外一些大漆类家具，宋金风格十分明显，同样可以在古典图谱中求得例证，可见，晋式家具具有浓厚的古典意味。

第三，做工精致，雅俗共赏。山西家具在艺术造型上是多姿多彩的，体现了古代工匠丰富的想象力和创造力。这些家具有的简约，有的富丽，有的自然，可以说代表了儒、释、道三种文化的影响。总体说来，华严工致，圆润端庄，灵动精准，均衡稳健，是晋式家具核心精神的体现。在满足使用功能的前提下，家具的每个部件配以不同的艺术造型，或以各种手法对构件表面装饰各类纹饰，使家具既具实用性，又具观赏性，在视觉效果上给人以心情舒畅的感受。清代，晋中太谷县有一名木匠，因其做活时十分专注，不善言语，人称“半哑子”，久而久之人们竟然忘其真名。他做的家具饱满端庄，雕工直逼紫檀，不逊花梨，且常镶骨嵌玉，为晋中商贾大户追捧，以致请其上门者常常要排队等几年。按照厅堂规制量身定制和主人好恶加工家具，是为晋式家具个性化和创新化的动力。

第四，在装饰手法上，多种手法相结合。或檬漆与雕刻同时运用，或雕、嵌、彩绘，或彩绘和雕刻并用。雕刻手法以镂雕和浮雕为主，其中，山西传统民间家具的髹漆装饰工艺精湛，与其相配的装饰技法多种多样，有黑漆描金、雕漆、填漆及牙、竹、骨、玉、石、螺钿等镶嵌。在装饰题材上，形成了有图必有意、有意必吉祥的审美取向。装饰图案丰富多彩，人物、动物、植物、景物、吉祥图案、文字等一应俱全，典型的有灵芝纹、牡丹花纹、如意纹、博古纹、麒麟纹、蝙蝠纹、龙凤纹、螭纹、耕读渔樵图以及回纹、云纹、蝉纹、雷纹等一些商周青铜器上的纹样等。优美的家具必须具备形式与内容的完美统一，而装饰图案所表现出的涵义则是让人领悟思想文化的情感条件，以形象美和文化思想去引发人的情感，是文化价值的显著特点。人们在这样一个赏心悦目的氛围中，既

山西新绛云雕漆器

满足了舒适安逸的生活需要，同时家具上的装饰花纹所表现出的涵义还可以给人思想上和精神上的满足。家具上的装饰花纹做工精美，让人百看不厌，每一幅画面都凝聚着中华民族深厚的文化底蕴，每一幅图画都能说出一个动听的故事。

一、陈设

在晋商民居中，陈设艺术品可分为高雅艺术品和民间艺术品两类，高雅艺术品有字画、屏风、匾额楹联、文房四宝、古玩、石玩、钟表、镜子、植物盆景等，民间艺术品有木版年画、堆锦、推光漆器、剪纸、印染织物、陶瓷等。

（一）书法字画

书法是汉字的书写艺术，它不仅是中华民族的文化瑰宝，而且在世界文化艺术宝库中独放异彩。汉字在漫长的演变发展过程中，一方面起着思想交流、文化继承等重要的社会作用，另一方面它本身又形成了一种独特的造型艺术。书法具有“神采、韵致、气韵”，映射着不同时代的艺术风采。美学家宗白华曾指出，中国的书法本是一种类似音乐或舞蹈的节奏艺术，它具有形式之美，有情感和人格的表现。书法作为室内的陈设，具有教化、激励、自勉和参与

书法绘画作品展示

营造室内环境的作用。

中国绘画艺术源远流长，契合了传统文人的人生观、价值观、审美观和思维方法。国画在内容和艺术创作上，反映了中华民族的民族意识和审美情趣，体现了古人对自然、社会、文艺等方面的认识。郭沫若先生认为，自东周开始，古人自觉地将文字和图形广泛地运用于人居环境和造物中，是中国室内陈设的一个基本特征。自从书画艺术登堂入室，室内环境为书画提供了一个展示自身艺术的平台，同时，书画艺术也增润了环境和室内空间的氛围和情调。具体表现为，书画题材如山水、花鸟、诗赋等融入人的视野，引起人们的联想，扩大了实体空间的意境。在简洁而规整的室内空间中，陈设有龙飞凤舞、笔走龙蛇的绘画和书法作品，能缓和并打破空间的单调感。总之，在晋商民居室内，无论是厅堂，还是卧室、书房等，书画挂轴陈设其内，使人居其间平添明朗清净、清新雅致之味。

（二）屏画

宋至明清时期，屏风使用更为普遍，成为厅堂内一种必备的陈设，其形制没有多大的变化，只是做工更为精细。座屏是陈设在桌案上供人们欣赏的纯粹装饰陈设品，座屏有独屏和折叠屏，做法和造型与实用屏风相似。平面有木雕、嵌玉、嵌石、镜子等多种材质。但在厅堂里陈设的一般是嵌有镜子的，

晋商大院中的隔扇

山西太谷曹家三多堂藏“翡翠羽毛镜”（局部）

因为能和瓷瓶组成“东瓶西镜”，寓意为“平静”。在太谷曹家大院三多堂的珍宝馆里有两件奇品是“岁寒三友座镜”和“翡翠鸟羽毛镜”。岁寒三友座镜其实是一块天然大理石，一面是水墨山水图，另一面则是三友图，那种远近分明的完美构图和零星的雾凇令人很难相信是天然形成。翡翠鸟羽毛镜座屏是乾隆时制品，用越南翡翠鸟羽毛贴制而成。翡翠鸟的羽毛十分珍贵，富贵人家妇女耳坠或发簪如贴上一点，就会觉得身份高贵了很多，但这个镜子全用翡翠鸟羽毛贴制而成，价值连城，是极珍贵的传统奢侈品。这面镜子已历经二百余年，但色彩艳丽如初。

挂屏，明末清初出现了一种悬挂于墙面的挂屏。芯部有方形、有圆形，它们均被镶嵌在一块木板上，四周是用优质木材制作的边框。它的芯部由堆锦、石材、木雕、丝绸等做成，但最多的是自然形成图案的云石。挂屏的陈设大都成对布置，四扇一组的即称四扇屏。挂屏既可以布置在厅堂的正中，相当于中堂，也可以挂在中堂的两侧，占用对联的位置。在晋商大院的室内，挂屏随处可见。

山西榆次常家庄园砖雕对联

（三）匾额楹联

匾额一般在厅堂或祠堂的迎面居中位置悬挂，起点题的作用。有的寄意，有的抒情。在乔家大院中，匾额占有重要的位置，形式各异、内容丰富、品位高超。从质地上看，室内的匾额主要是木雕；从书法艺术上看，有楷书、行书、草书、隶书等；从刻写方法上看，有阳刻、阴刻；从内容上看，有歌功颂德的、有宣扬忠孝节义的，与雅致的室内环境相得益彰，交相辉映。楹联是我国特有的文学艺术，它要求有高度的艺术性、思想性，内容和形式比较统一，篇幅可长可短，短者可为四言、五言、六言或七言，长者可达数十字或上百字。既能在欣赏中得到乐趣，又能使人在乐趣中受到启发，起到寓教于乐的作用。室内的楹联在当门、抱柱和补壁上面展示陈设。

（四）文房四宝

文房四宝一般陈设在书房和主人的卧室。文房四宝由笔、墨、纸、砚构成，同时还包括镇纸、水盂等辅助工具。毛笔有羊毫、狼毫、紫毫和兼毫等品类之分，杆材也有竹、瓷、紫檀木等。明清时期，徽州制墨最为著名。自从毕昇发明造纸术之后，纸逐渐成为传统文化继承和发展的第一工具，承载着文化积累和弘扬精神的使命。

（五）古玩

古玩、古董器具等是具有历史、文化价值的艺术品。文人雅士们鉴考书具文玩，由嗜好而精进，继而寄情于兹，托物咏怀。传统的文玩，无论内涵，还是造型、质地、色彩、工艺等，尽显“贵其精而便，简而裁，巧而自然”的审美旨趣。

（六）钟表

远古时期先民凭天空颜色的变化、太阳的光度来判断时间，古代中国人有以水来计时的工具（铜壶滴漏、烧香计时等）。钟表最早传入中国是在明万历年间,外国商人首次向中国输入钟表是在康熙五十五年（1716）五月。康熙、雍正、乾隆等朝在北京宫中设做钟处，仿制自鸣钟表。在这种背景下，清朝上自皇帝下至士大夫，都流行使用自鸣钟表。据沈初《西清笔记》载，相国于敏中在乾隆晚膳前需交奏牍，因此每日“必置表砚侧，视以起草，虑迟慢也”。可见，钟表在明清时期已是达官显贵、巨商富贾宅内的常设品。晋商宅院通常在厅堂屏壁前条案上陈设的钟表瓷瓶，寓意终身平安。

（七）镜子

我国古代用来自鉴的镜子是铜镜，中国在公元前已有铜镜。中国最早的玻璃镜子出现在明清之际，它是由来华的传教士从欧洲带来的。随着中外文化交流日益扩大，妇人用的修饰镜和穿衣镜也出现了。清初，由于玻璃镜造价低廉，清晰度高，立挂式镜子很快传播到民间，透明的玻璃给人们的生活带来了方便。山西地处内陆，比较闭塞，但是明清时期，晋商在中国各地以及一些欧洲国家都留下了他们的足迹，

山西祁县乔家大院藏“犀牛望月镜”

因此，玻璃镜子在还没有被普及时，镜子就被晋商带回了他们的居所，在当时是一种奢侈品。在晋商大院室内、厅堂、卧室一般都陈设有座镜。一方面，是为了炫富，在心理上得到一种满足感；另一方面，从风水角度上说，还可以起到招财辟邪的功能。在祁县渠家大院里收藏有明清时期各式各样的座镜。乔家大院有一个镇宅之宝——犀牛望月镜，陈列在乔家的三号院。它高两米、重一吨，采用东南亚的铁梨木雕刻而成，是国家一级文物。整个镜子由三部分组成，上面是镜子代表圆圆的月亮，中间是祥云，底座是犀牛，因此叫“犀牛望月镜”。关于犀牛望月还有一个传说，相传犀牛是天上的一名神将，因触犯了天规被贬下凡间，因为他很思念天宫的生活，所以每到月圆之日就抬头望月。

（八）植物盆栽艺术

盆栽艺术始于唐宋，盛于明清，是自然景观的缩影，又受到绘画、书法和造园艺术的影响，源于自然而又高于自然。盆花源于佛前供花，是室内空间环境中比较常用的一种陈设。一般而言，根据盆景取材不同，可分为树桩盆景和山水盆景两类。将自然景物引入室内，以小见大，寓无限意境于有限的空间之中，体现出人们热爱自然、希望与自然和谐相处的自然观。

（九）木版画

山西民间木版画，是群众喜闻乐见的艺术形式，在中国绘画史上亦占有极其重要的地位。明清时期，山西木版画发展到了鼎盛时期，题材广泛，有戏曲故事、民情风俗、花鸟走兽等，造型手法干练、典型、幽默，构图饱满、主题突出，造型夸张，色彩艳丽。木版画主要陈设在如中堂、贡笺、条屏、拂尘纸、

平阳木版年画

堆锦

桌围、窗画等上面，形成了五彩缤纷的彩绘艺术世界。在漫长的历史发展过程中，木版画传播和丰富了民族文化，也不断加强和完善了自身的艺术形象，成为三晋大地上一颗耀眼的明珠。

（十）堆锦

堆锦，原名“堆花”，是一种以丝绸为面料的工艺画及其制作工艺的统称。堆锦艺术以山西上党地区尤为著名。堆锦是把色彩斑斓的丝绸锦缎和布料，按艺人精心设计的要求，依照图纸剪裁出形象确切的、贴有“飞边”的、絮有棉花的、压有纸捻的硬纸板上，再根据需要拔硬褶或捏软褶，用特制颜料彩绘人物的脸、手等部，然后堆制、粘结成有浮雕效果的工艺品，并用金、银、彩线和珠宝加以装饰，使物象呈现立体效果，享有“立体国画”之美誉。精湛的工艺、独特的层次、变幻莫测的纹理、优美而不失质朴的情趣，形成了堆锦独特的视觉效果。

（十一）推光漆器

推光漆器是山西比较有特色的工艺品。平遥推光漆器是我国四大名漆器之一，据记载，平遥制作推光漆器具有悠久的历史。推光漆器是一种工艺性质的高级油漆器具，以用手掌推出光泽而得名。推光漆器外观古朴雅致，闪光发亮，绘饰金碧辉煌，手感细腻滑润，耐热防潮，经久耐用。推光漆器装

山西平遥推光漆器

饰内容有民族风格的图案，如古典小说、戏剧中的故事人物，古代神话、传说中的故事人物等等。推光漆器是晋商民居中常见的一种物品，具有构造精细、漆面光洁、彩绘富丽、防潮防热等特点。

（十二）剪纸

民间剪纸是一门古老的艺术。民间剪纸产生在劳动者之中，劳动者的审美情趣又直接受他们所处的地理环境、社会生活和社会心理的影响，构成了特有的地域习俗与人文心态，并显示着极高的审美价值。山西民间剪纸的风格，总体来说，具有北方地区粗犷、雄壮、简练、纯朴的特点。但是，因地域环境、生活习俗、审美观念的不同，山西各地剪纸风格又有差异。如晋南、晋东南、晋西北、吕梁山区的剪纸，多为单色剪纸，风格质朴、粗犷，而流行于雁北地区的染色剪纸，则婉约典雅、富丽堂皇，以“广灵窗花”为代表。而晋中剪纸，则呈圆润秀丽、纤巧精细的风格。生活习俗是促进剪纸发展的社会因素，同时又形成了丰富的剪纸内容和不同的剪纸样式。剪纸在民间的流行，往往伴随着生辰、婚嫁、丧葬、喜庆节日和日常生活和活动，其表现题材有花鸟鱼虫、飞禽走兽、纳吉求福、器皿吉物、字意图案、戏曲故事等。

（十三）印染织物

中国自古以来就是纺织大国，丝绸产品享誉世界。织物品类繁多，有丝织、棉织、毛织等，工艺上分为印、染、刺、绣、编、织、裁等工艺。在晋商大院室内，印染织物也是最基本的陈设物之一，它所占用的面积仅次于家具的空间面积。清代李渔在谈及居室床帐时，指出帘褥帐幔等物的配置，皆在于取其夏凉冬暖，“求凉之法，浇水不如透风；致暖之法，增绸不如加布”。从使用功能看，织物主要用于被褥帷帐、门帘、桌布、椅坐靠垫、各类毯类。室内织物具有依附性和变异性的特点，主要功能是限定空间领域、分隔空间。利用帷帐和帘帐等分隔空间，隔而不断，不仅强化了空间层次，而且限定了领域感、丰富了空间。织物的色彩和图案，是室内整体陈设的一部分，可以改变室内气氛而成为视觉和趣味中心柔化空间。建筑的围合界面为硬质材料，如石、木、砖等，而织物的柔软性与建筑实体在质感上形成强烈的对比，含蓄而自然地柔化了硬质空间。

◇用剪纸表现曹家大院

（十四）陶瓷

我国的陶瓷艺术享誉海内外。陶瓷器具以其实用功能满足人们不同的使用需求，同时又以华美的形态和装饰，给人审美和精神上的享受。陶瓷器具不仅具有收藏价值，而且对室内环境也起到了很好的装饰点缀作用。陶器的发明，是新石器时代和文明起源时代早期一项世界历史上的重大技术创新。瓷器种类繁多，造型多样，有青瓷、花瓷、黑瓷、白瓷、青花瓷等；在装饰手法方面，有刻花、划花、印花、雕花、画花、堆花等技术。清代的陶瓷在制作和烧造工艺方面达到历史最高水平，但整体设计水平已经下降，审美格调显得平庸艳俗。清代陶瓷制品种类很多，归纳起来主要有饮食器具、盛放器皿和日用品几大类，属于室内陈设和玩赏用的有瓶、花尊、花几、壁瓶、插屏、花盆和花托等。青花瓷着色力强，发色鲜艳，色泽稳定，图形纹饰永不褪色，具有浓郁的中国特色。无论是日用瓷还是陈设瓷器，都体现出生活与艺术、物质与技术完美融合的一种特有的文化形态。

二、家具

在中国古典艺术门类中，家具无疑是集实用和艺术为一体的最具代表性的一种。明代是我国古代家具史上的顶峰时期，这种富有时代感的硬木优质家具，史称“明式家具”。明式家具的艺术风格可以用“古、雅、精、丽”四个字概括。明代后期到清代早期，适逢经济繁荣的盛世，追求奢靡之风，为了显示华丽富贵，清代家具充分发挥雕、嵌、绘等装饰手法，一改明代风格，标志着家具进入一个新的时期，称为“清式家具”。

明清家具的地方性特点也更为鲜明，形成了不同的家具风格，以“京式”“晋式”“广式”“苏式”为代表。这四个地域的家具风格，可通俗地概括为京作霸气、晋作富气、粤作洋气、苏作秀气，其实暗含了这四个地域的政治、经济、文化、环境等背景。在晋商大院中的家具，主要以晋式家具为主。

在众多的地方家具流派中，山西地区的晋派颇有特色。清代以前并没有形成地方家具流派，我们现在所说的地方流派都是清代以后形成的。晋派家

古家具陈设展览

具大约形成于明永乐年以前，它注重实用且用料大器，追求一种威武、壮硕的风格。其造型淳厚，结构严谨，做工精细。晋式家具独特风格的形成，有其社会文化与经济原因。第一，明清时期晋商在全国的商业经营十分成功，纵横欧亚九千里，富甲天下五百年。晋商习惯是致富后置地产，建深宅大院，造好房子必定要制作家具。房子和家具都是要传代的，因此只要有条件，制作一定十分讲究，而且他们有实力从全国聘请最好的工匠来制作家具。第二，明清两代，文人的审美情趣带动着整个社会的审美取向，并左右社会风尚。就家具而言，他们会不停地对工匠提出要求，以自己的审美观念修正和引导工匠，使之完美起来。第三，佛教文化的影响。佛教自东汉传入我国，山西地区佛教较为兴盛，过去山西几乎村村都有庙宇。庙宇建筑的兴盛，必然造就一大批良工巧匠。庙宇内的一些陈设，如供案、佛像基座等，都属于家具范畴，对民间家具的制作有一定的影响和借鉴。

晋式家具，按用途大致可分为休息睡眠家具如床、榻，宴坐休止家具如椅、凳、墩，工作宴饮家具如几、案、桌，储藏家具如箱、柜、橱，台架家具如衣架、镜架、面盆架、灯架，屏障陈设家具如屏风等。

（1）休息睡眠家具，主要由床和榻两类组成。由于山西冬季气候寒冷，在晋商民居中卧具主要为火炕，有少量使用架子床。榻又名罗汉床，指床面上背后和两侧装有围板而不带床架的一种卧具。明代罗汉床的形制有大小之分，通常把较大的称为床，较小的称为榻。罗汉床一般设在明间，和屏风、香几等组合陈设。它是一种坐卧两用家具，既可摆在厅堂内供坐，也可摆在卧室做卧具。主人使用榻，意在仿古，以显高雅。清代的榻雕饰较繁，主要在围子上崇饰增华。

（2）宴坐休止家具是与主人关系最密切的家具类别，是制作难度最大也是最能体现设计和技术水平的。凳类主要有方凳、圆凳、坐墩、长条凳、春凳、脚凳等。椅类主要有圈椅、靠背椅、扶手椅、交椅、玫瑰椅、太师椅、官帽椅等。

（3）工作宴饮家具主要的功能是板面承放器物。几类主要有茶几、香几、炕几、小矮几、花几、琴几等。案是指窄而长的桌子，案与桌的主要区别在

古家具

古家具

于腿与面的关系。案的腿大多缩进案面，案的结构称为“案型结体”，案主要有平头案、翘头案、架几案等；桌子的腿与面成直线，直角形为多，喷面极少，即使有喷面，喷出尺寸也小。可将桌子的结构称为“桌型结构”。桌子主要有方桌、长桌、折叠桌、抽屉桌、圆桌、月牙桌、炕桌、棋桌等。

（4）储藏家具在晋商民居中种类比较丰富，箱类主要有盈顶箱、弧形盖箱、平顶箱柜。平顶箱柜指盛放衣物、书籍的器具，方形或长方形，一般为木制。柜子主要有抽屉柜、方角柜、圆角柜、竖柜、四件柜、亮格柜、药柜等，放置衣物或食物的柜子，亦指当桌子用的矮立柜。橱与柜的区别在于橱比柜要矮，形体与桌案相仿，面下安抽屉。橱主要有抽屉橱、闷户橱、矮橱、书橱等。

（5）台架家具是晋商民居中的轻便类家具，主要有衣架、巾架、灯架、面盆架。面盆架即承托盆类容器的架子，多为方形、圆形、五角形或六角形，有四足、五足、六足等不同形式。镜架、博古架，又称多宝格、博古格书架，指放置书的架子。书架较博古架简单，其空格是整齐划一的。

（6）屏障陈设家具是明清时晋商民居中使用最为普遍的家具，是厅堂内一种必备的家具。形制变化不大，只是做工更为精细。屏风主要有独屏、折叠屏风、插屏、座屏等。

传统室内家具，主要用于坐、躺、储藏、放置等具体的日常活动。更主要的是，家具赋予了建筑室内空间的存在及使用价值。晋式家具的布置是晋商民居室内装饰的重要内容，在室内环境中所起的作用很大。家具是人们在视觉范围内注视的重点，同时也直接影响着人们日常生活的舒适性。晋式家具在制作的时候，比较重视使用的方便性和舒适性，符合我们现代的人体工程学，而且也很注重家具的造型样式、风格对整个室内环境营造的影响。晋式家具的制作，不仅仅是单一器物的设计，而是要与室内空间环境相协调，与其他家具相配套。通过与室内空间的搭配和协调，营造出一定的空间氛围。在晋商民居室内家具布置中，成套配置和环境的协调观念比较成熟。以临窗迎门、桌案和炕为布局中心，配以成组的几、案、椅、柜、书架等对称摆设，使各类家具配合使用成为固定格式。于是出现了适合于不同使用功能空间的家具组合特征。在晋商民居中，不同类型的家具以一定的方式组合，营造出不同氛围的室内空间，通常讲究六大件一条线的格局。在厅堂家具陈设中，多以屏风或隔扇、案、八仙桌、太师椅、几为组合，通过对称摆放，形成厅堂空间的一个视觉中心图。在卧室空间里，以火炕为中心，配以炕桌、炕几、炕柜等组合。在书房内，设书案、书架、书橱、博古架、椅凳等组合。

第四节 传承保护 造福子孙

明清晋商的荣耀和财富已成过去，留下一座座大院守望那段历史。晋商大院不仅仅是古代民居建筑，更是蕴藏着明清晋商经商之道与兴亡教训的思想宝库。近年来，旅游开发使得晋商大院焕发出新的活力，与此同时，我们应当重视对大院的保护，使晋商文化与精神不断传承。

关键词：文物保护 文化传承

伴随着中国经济的持续发展，中国的城市面貌在这短短几十年里发生了前所未有的变化。近年来，中国城市新型空间的开发，有的对于古建筑和乡土建筑不加以区分和评估，以推倒重建的方式进行彻底性的置换建筑为代价，结果不仅给城市带来了面貌的变化，同时还造成了大量具有价值的乡土建筑及传统建筑的消失。晋商大院作为山西的乡土建筑，由于是木构建筑，易火易腐，再加上近几十年的拆毁，完整保留下来的已经不多。

20 世纪中叶以及此后几十年来，逐步形成了更加完整的文物建筑保护科学体系，提出了关于文物建筑的基本价值。文物建筑的主要价值在于它携带着从它诞生时起整个存在过程中所获得的历史信息，也就是说，在于它是历史的实物见证。晋商大院不仅被列为国家级旅游景区，而且也被列为国家级重点文物保护单位。

作为北方民居建筑的代表，晋商大院不仅具有历史建筑的原真性价值，而且具有艺术审美价值。所谓原真性，其核心内容有两个方面：其一，指所研究的对象的发

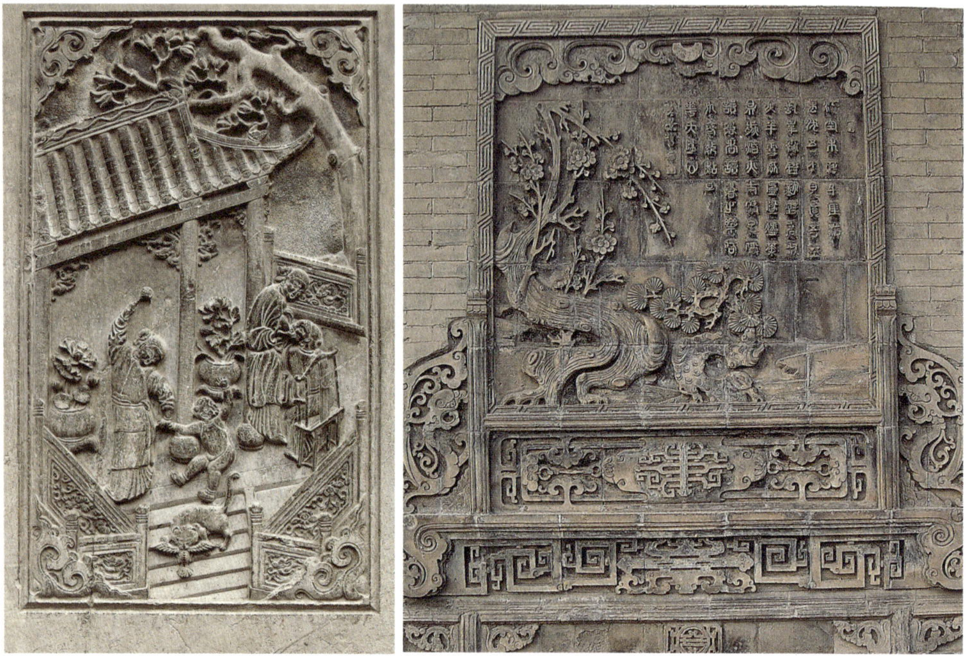

晋商大院中的砖雕

生和起源具有原生性、非复制性的特点；其二，正因为对象具有原生原创、非复制性的特点，因此，这类对象自然拥有了另一种属性，即真实性、确实性。晋商大院的原真性价值表现在，晋商大院是山西商人做生意和生活的地方，其规模、气势就算是在现代也足以令人刮目相看。不仅如此，山西商人的作为并不局限在山西，在中国许多地方，标志性的古建筑也都出自他们的手笔。这些建筑是山西商人经过几代人的不懈努力修建而成的，记录着晋商在这近百年间的生活印迹，蕴涵着它的历史信息的原真性。其艺术审美价值，表现在晋商大院蕴涵着深刻的晋商文化，每个大院的门饰、窗饰、匾额、楹联、木雕、石雕、砖雕以及室内的陈设家具等美不胜收，堪称晋商大院文化中的精品，中国民居艺术中的宝库。尤其是三雕（木雕、石雕、砖雕）艺术，每座院中都有雕刻艺术上百件，且无一雷同，技法精湛，形成了有建筑必有图、有图必有意、有意必吉祥。建筑装饰艺术反映出当时人们的审美能力和价值取向。例如，门庭用砖雕装饰，影壁由砖雕构成，由于北方不生长竹子，那么就在砖石上雕刻出来。雕刻图案的选择也非常有讲究，晚辈给长辈修造屋宇，装饰图案则以龟背上的纹理为主，有祈愿长寿的意味。为了突出商人身份，就用线条连成一串串外圆内方的古钱币模样。鹿和荷花取六合一统的含义，花、草代表春天，整个图案构成六合一统、天下同春的意思，用这样的图案装饰门庭，是因为住宅的主人除了商人身份还有官员背景。这种类似的装饰手法同时还被山西商人含蓄地装饰在住宅的局部。这些隐藏在深宅大院的图案花纹、雕刻艺术，有时候不仅是为了讨个口彩、图个吉利，而且显示着大院主人与众不同的价值取向。

保护民族建筑，实际上是一种“人居环境”的历史延续和保存。1964 年，在意大利威尼斯举办了“从事历史文物建筑工作的建筑师和技术人员国际会议”，通过了举世瞩目的《威尼斯宪章》。宪章中明确指出，世世代代人民的历史文物建筑，包含着从过去的岁月传承下来的信息，是人民千百年传统生活的见证。人们越来越认识到人类各种价值的统一性，从而把古代的纪念物看成共同的遗产，为子孙后代妥善地保护它们是我们共同的责任，我们必须一点不走样地把它们的全部信息传递下去。

山西沁水湘峪古城古民居

改革开放以来，我国传统建筑的保护工作取得了举世瞩目的成绩，一批又一批乡土建筑被列为文物保护单位，晋商大院也不例外地被逐个命名为“国家级重点文物保护单位”。晋商大院作为一个整体，共同申报被列入“中国世界文化遗产预备名单”。中国乡土建筑的保护是研究、继承和弘扬的前提，已到了刻不容缓的地步。随着我国经济的快速发展，大量新建筑如雨后春笋出现，城市面貌日新月异。在令人欣慰的同时，也伴着一些令人忧虑的问题，即我们的先祖留下来的乡土建筑的精华正在遭受极大的威胁。主要表现在以下几个方面：

第一，许多乡土建筑群、古村落伴随着旧城改造或新农村的建设而被大量地拆毁、改造。除了一些文物保护单位和比较有特色的古建筑被保留下来外，其他大部分乡土建筑都遭到一定的破坏。一种是自然力的破坏，由于一些建筑年代久远，久未修复，被自然逐渐破坏掉。另一种是人为破坏，特别是在“文化大革命”中，大量有价值的建筑在破“四旧”中被破坏，这是无法被挽回的文化损失。然而在改革开放的今天，由于人们生活节奏的加快、生活方式的改变，传统建筑在采光通风不好、交通不便、生活设施不健全等方面的弊端，使得个人、集体拆除和改建传统建筑已成为司空见惯的事。

第二，文物建筑的历史环境被破坏。虽然建筑本身还存在，但建筑所处的环境被破坏甚至被改造或改变，则其价值会大打折扣。任何一种建筑都是在一定的物质环境背景和文化氛围中建造出来的，环境没了，留下单独的壳体与新的环境会出现或多或少的不和谐。

第三，由于缺乏正确的历史理论指导，一些文物乡土建筑在被保护和修复的过程中，无意识地被改变了原来的面貌，使研究的价值大打折扣。在研究和保护物质文化遗产中，研究人员和修复人员的文化素质和历史文化修养的高低，与修复工作有着密切联系。保护维修应遵循“恢复原状或者保存现状”的原则。在维修过程中，

山西碛口——黄河边的一座古镇

应当根据已掌握的资料和信息慎重修复。在没有充分掌握最新资料和对所修复的建筑没有深入了解，也没有考证其历史及技艺水平，就搞什么复原项目，那么修复后的价值肯定会打折扣，而且也会为今后的研究带来许多麻烦。

第四，在对传统建筑的保护过程中，对历史文脉的传承和发展研究不足，以至于大量有价值的建筑被拆除，导致文脉中断。由于部分设计师及地方官员对中国传统建筑文化认识不足，使许多建筑设计作品停留在仿古的水平上，阻碍了创造水平的提高。所以对乡土建筑的保护不仅要从文化的角度去研究，而且要从文化的观念去探究；不仅要保护物质遗产的硬件，同时还应该保护文化遗产的软件。所谓乡土建筑的“硬件”，是指尚存的建筑物，建筑院落、构筑物、建筑物所处的环境区域以及建筑内部的装饰构件、家具陈设、文物等物质层面的要素。所谓乡土建筑的“软件”，是指建筑院落及居住建筑形成的文化观念、民俗文化、伦理秩序、宗教信仰等文化层面的要素。建筑物质遗产的保护，主要是对尚存的古建筑院落、建筑物、建筑构件、建筑材料等从文化和历史价值方面进行研究、测量、考察、保护和修复，确定其保护的

等级，并通过法律来实现长久的保存。同时，可利用它们的实际性，进行传统文化的传播。建筑文化遗产的保护主要是对古建筑实体所包含的文化内涵，古建筑中所体现的社会机制、宗教信仰、民俗文化、伦理秩序等要素进行研究，这些要素对建筑空间的构成以及文化审美心理的物化过程等产生影响。通过研究，使古建筑及建筑装饰得到长久的保护。

因此，怎样保护好古民居建筑，使其文化价值和历史价值在现代生活中体现出来，以更好地为本土化的现代的建筑设计提供借鉴，是摆在我们面前的重要课题和挑战。当前，关于如何保护乡土建筑的问题已经展开了热烈的讨论，对乡土建筑，应有选择地保留其精华，改革或去掉那些不适应现代生活的部分。要保护好乡土古建筑，关键要坚持以下几点：

第一，正确处理好保护和发展的关系。当前，一部分乡土建筑都存在于各个文化遗产中，很多地方都是重申请、轻保护。随着旅游业的不断发展，为追求经济利益，盲目开发，人为地破坏旅游地的自然环境和传统文化环境，造成了不可弥补的损失。因此，发展可持续的旅游业已势在必行，将挖掘地域特征文化和保护自然作为旅游的吸引力。在保护过程中，要遵循保护建筑历史的真实性、保护历史环境和永续利用原则，正确处理好经济建设、社会发展与传统建筑保护的关系，确保乡土建筑及其历史环境和自然环境的原真性。

第二，加强有关文物建筑保护的法律法规的制定，成立专门的组织机构保护管理。目前针对古建筑保护的法律有《文物保护法》，该法基本上是原则性的规定，而没有明确国家、遗产保护区政府和居民的权利和义务。由于城市化的加快和对经济利益的追求，而对文物乡土建筑进行拆迁和损毁。因此，有关部门应该对文物建筑的保护制定和完善适宜、科学的相关法律法规。民居建筑所在地的居民委员会可以建立群众性的保护组织，对其进行保护，文化行政部门应该给予群众性保护组织一定的支持和引导。鼓励多渠道筹措保护经费，建立保护专项基金，当地文化部门对经费统一管理，并接受财政审计部门和群众的监督。

第三，进一步加强思想教育和传统文化教育。由于一部分国民对传统文化认识不够深入，片面追求现代化，甚至西化，盲目排斥本国的传统文化，导致乡土建筑保护不力。改革开放以来，由于经济的发展，市场经济的冲击，人们的心态有些浮躁，对传统的东西吸纳得少，排斥得多。因此，加强培养国民的民族感情，深刻认识优秀的传统文化，是保护乡土建筑的根本所在。同时，政府根据《文物保护法》的要求，制定教育和宣传计划，通过广泛深入地宣传保护建筑文化遗产的重要意义和科学的保护方法，让全社会共同参与，最大限度地增强人们对古民居建筑的保护意识。

第四，加强对传统技艺和传统材料的抢救。传统文化的文脉不能中断，多年传承下来的中国营造技术不只是沉淀深厚的文化，还有营造建筑手艺。各工种掌握传统技术的手艺人逐年减少，有些行业濒临失传，急需抢救。传

山西榆次后沟古村

山西乡宁黄河边石鼻村杜宅

统材料日渐难觅，抢救珍稀材料，更要抢救珍稀材料的加工、保管和使用技术。即使有传统手艺人，而找不到传统材料，也很难做出传统精湛的作品来。对传统民居保护研究，不仅是为了单纯的保护，更重要的是传承这些优秀的文化遗产，为我们在以后进行文化创新时，提供丰富的资源。在保护传统建筑“硬件”的同时，更要保护“软件”。传统建筑“软件”的研究和保护，重点是对建筑文化内涵的剖析与归纳，物化文化意义的解码，文化渊源及可持续发展基因的提取，以及文化语言特征的提炼与建构等。以发展的眼光，通过在历史时空坐标的位置上，沿着传统文化的脉络进行创新，才能更好地对传统文化进行传承。

第四章

大院拾遗　精华采撷

要想了解晋商的兴衰史，了解明清时期北方的生活习惯和殷实之家的衣食住行，到晋商留下的一处处富丽堂皇的深宅大院里走走看看，无疑是最好的方式。不仅如此，晋商大院在中国民居建筑领域也有着极其重要的地位，其建筑技术的精湛巧妙、装饰陈设之富美华丽，都会令人叹为观止，正所谓“山西归来不看院”。晋商大院有着许多共同的建筑文化形式，但也有着各自独特的韵味，如此多的建筑精品散落在三晋大地，璀璨夺目，无疑是山西之幸。接下来就采撷一二，实在只是明清山西民间建筑艺术宝库的冰山一角。

第一节　申家大院　晋商先河

提起晋商，人们自然会想到山西祁县、平遥等地，或日升昌票号，会想到乔家大院、常家庄园等等。毋庸置疑，明清时期晋中一带的山西商人确实是外人眼中晋商的代表，为山西商帮名扬海内外立下了汗马功劳。但是，人们却忽略了一个重要的史实，作为晋商中不可缺少的一部分，地处山西东南地区的上党（潞安、泽州），也就是潞泽商人及潞商的代表人物，是第一批走南闯北的山西商人。在时间上，潞商发迹要比传统概念中的晋中商人早，甚至像祁县渠家这样日后显赫一方的晋商大贾，原本也是在晋东南一带贩卖土产的老潞商（渠家祖籍上党长子县）。可以说，潞泽商人是晋商的先驱，并在明清时期以经营盐铁、丝绸等闻名天下，同时在地区性贸易活动中扮演了重要角色，而长治申家无疑是潞泽商人中杰出的代表。

关键词：潞商　盐铁　二十四院

一、潞商之后　方有晋商

对于潞泽商人的记述，以明代王士性在《广志绎》里的描述最为著名："平阳、泽、潞，豪商大贾甲天下，非数十万不称富。"明代人谢肇淛也在《五杂俎》卷四中对早期晋商这样描述："富室之称雄者，江南则推新安，江北则推山右。新安大贾，鱼盐为业，藏钱有至百万者，其他二三十万则中贾耳。山右或盐或丝，或转贩，或窖粟，其富甚于新安。"

山西上党盆地东有太行山，南有王屋山，属山地丘陵地带，境内有漳水、沁水、丹水等在山谷间流过，但长年干旱少雨，虽然古代的农业发源于这个地区，但由于地理条件的限制，仍非宜农地区。明清时期的地方文献记载，这里有大量的人以工商为业。顺治《潞安府志》记载，潞安府"古号上党，以俗勤俭，人多逐末"。

万历《泽州府志》记述，泽州"其土不甚沃，高岗多而原隰少，人口废居逐末作，而荒于耒耜"。这些都说明农业在上党地区并不是致富的条件，商业活动在地方经济和民生中占有十分重要的地位。

山西长治申家大院

山西有丰富的自然资源，然而生活消费资料却严重短缺。清代著名学者顾炎武在考察山西的各种物产后写道："绫，太原、平阳、潞安三府及汾州二府俱出。绸，出潞安府，泽州间有之。帕，出平阳府，潞安府、泽州俱有，惟蒲州府及高平米山出者尤佳。铁，各处多有冶，惟阳城尤广。青铁，交城县有冶。黄铁，交城、静乐县有冶。青镔铁，大同府境旧云内州出。铜，代州凤游谷及垣曲县北山俱出。又潞安州临兴二县有炉。锡，交城、平陆、阳城俱出。"明代，潞安府西山"有苗氏者富于冶铁，业之数世矣，多致四方之贾，椎凿、鼓泻、推挽，所借而食者常数百人"。很显然，山西丰富的物产可供应邻省的需要。同样，山西缺乏的物资，需要邻省供给。"山西平（阳）、汾（州）、蒲（州）等处，人稠地狭，本处所出粟，不足供居民之用，必仰于河南、陕西二省。"就连潞绸的原料也大多取于外省，"山邑不出桑茧，丝线取给于山东、河南、北直等外（省）"。

丰富的物产是潞州商人崛起的主要条件之一，但重要的还是商品生产相对发达。潞泽不但拥有煤铁和丝绸等资源优势，而且生产历史悠久，技术成熟，产销量都很大。有学者考证，明代山西全省铁产量不仅超过本省历史上任何时期的水平，而且其产量名列世界之首。明代山西铁的主产区就是潞泽。明天顺年间，阳城“每年课铁不下五六十万斤”(《明英宗实录》卷三二九)。按明代课铁“每三十分取其二”(《明太祖实录》卷一七六)的税率计算，当时仅阳城一地的年产量即达到750万斤～900万斤，这个数字相当于明初山西全省铁产量的七八倍。

明代潞安府是北方丝绸业的中心，潞绸机户分布在长治和高平。据清顺治《潞安府志》载："登机鸣杼者奚啻千家，其机则九千余张。"产量估计在10万匹以上。潞绸质地精美，"潞城机杼斗巧，织作纯丽，衣被天下"(郭子章：《郭青螺先生遗书》卷十六)。丰富的资源和发达的手工业，使潞州的铁制品、丝织品在边贸和国内市场有了广阔的销路，进一步推动了潞州地区商业的发展，形成地方性商业的传统优势。

潞商早期以贩盐、铁为主，中期开始多元贸易，铁业、丝绸占主导，后期则以手工业制品为主。明代“开中法”的实施，为潞商的发轫提供了政策上的保障，地处河南、晋中、晋南交通要冲的区位优势则加速了潞商的发迹，使潞商很快成为一个地区性的商业集团。到明中叶，潞商已经成为国内举足轻重的商帮。

潞州商人经营河东盐赢利也由来已久。盐做食用历史悠久，在夏朝已有关于盐的生产和贸易的记载，《尚书·说命下》中就有“若作和羹，尔惟盐梅”的记载。上党地区邻近河东，自古就食用河东盐："后孙阳上太行，见骥服盐车于羊肠之坂，则从古以来，上党食河东之盐矣。"潞泽地区处于河东盐池与中州河南之间。据河东盐池碑等史料记载，在宋代就有将河东盐向宋都开封转运的记载，潞泽商人很可能从宋代就开始从事盐业的转运。由于长期转运盐的经验，明代时潞泽商人已能在长芦和两淮盐的生意中占有一席之地。

二、盐铁申家 潞商典范

潞商先于晋中商人显赫一方，而长治申家无疑是其代表。2006 年 10 月，山西长治市在文物古建筑普查中，在郊区西白兔乡中村发现了一处颇具规模的古民居建筑群。这个古建筑群以中村的申家二十四院为主体，有明代的窑洞式民居，也有明清时的屋楼豪宅，其建筑装饰雕刻精美、风格独特，具有浓郁的地方特色。

申家作为潞商的代表，不仅表现在产业的兴盛上，从宅院建筑规模、建筑风格上也不难看出申家当时实力的庞大、财力的雄厚。申家最具代表性的宅院要数中村的二十四院，至今尚保存完整。虽从外观上看有破败之处，但仍掩饰不住申家昔日的辉煌和骄傲。二十四院由多个四合院、三合院、窑洞组成宅院群落，故称“棋盘二十四院”。其布局保留了晋东南民居的特色，既古朴典雅，又不失豪华的建筑风格，成为研究明清两代民居建筑嬗变最有力的实物例证。

据申氏族谱记载，申氏宗祖在明万历年间从潞城县天贡村迁入南村，明嘉靖十一年（1532）迁入中村定居。自始祖申十三开始，至今已繁衍到第二十一代。申十三有二子，第四世时有七子，第七世时发展为三十子，第八世时发展到五十子，成为一大家族。申家最兴旺的时期在第七、第八代之间，其后至嘉庆末年开始衰败，从兴盛到衰败大约 280 年。其兴盛、衰败的家族

山西长治申家大院遗迹

山西长治申家大院

史与潞商的发展轨迹颇为相似。

从申家大院现存的实物和资料中不难看出，申氏起家也是靠盐铁，其贩盐活动始于明正德年间。当时申家将粮食、铁制品等商品用骡马驮运至平阳，卖后买进食盐再运回潞泽囤积、转售，从而牟其利润。从现存中村村东的三座铁矿之一，以及铁铺院、歇马店等遗存可以看出，申家的铁业在当时已经形成了采矿、冶炼、销售一条龙的模式。另外，在当时北中国最大的铁货交易市场——长治县荫城镇，申家还拥有一半实力雄厚的铁货交易店“福顺永”。除经营铁业外，丝绸业也是申家的支柱产业。创作于明万历年间的《金瓶梅》中有十七处提到潞绸，同时期的另一部名著《醒世恒言》也多处提到潞绸。据顺治《潞安府志》载：“洪武初年，潞州六县有桑树八万余株，织机九千余张。”足见潞商经营丝绸业之辉煌。除此之外，申家还兼营当铺、客栈、花店、酒坊、醋坊、皮革等，其中当铺在当时颇具影响力，数量达 32 家，西安、临汾、河南、河北均有分店。现存较好的有河北省邯郸市涉县河南店的“大申店”。清道光十年（1830），申家申明远一支迁至今河北邯郸峰峰矿区八特古镇，成为当地八大显赫家族之首，富甲一方，子嗣兴盛。潞商作为晋商中最早发迹者之一，从“豪富大贾甲天下”到“无可奈何花落去”，留给我们的启示是深刻的。

申氏的起家靠的是盐铁，其实只是一个表面现象，实质问题是官商文化。从申氏家谱可以看出，申家贩盐活动始于明正德年间（1506—1521），此间，申家出了一个官。天贡村申家四子的后代——河北永年县的进士申纶从平陆县调到太原县，升任潞州知州，申家便以这层关系开始从事食盐的贩运。这也是后来盐贩生意旁落徽商的根本所在。徽商靠智商打天下，潞商靠关系打天下。申家兴盛的时期，正是申家后代官运亨通的时候。申家最后一个掌实权的官员是申受祉。据申受祉的墓碑载，乾隆六年（1741），申受祉还在广东儋州任上。嘉庆末年申家开始衰败，其原因不言自明。由于受地形的影响，上党人自古崇官而轻商，面对官府的强权力量，他们是默然无闻的一个群体，没有话语权，又大钱挣不上，小钱看不起，唯一发迹的办法就是读书做官。所以，等级制、官本位在上党有相当大的市场。商人和文人两个阶层始终没有成为独立的阶级，也因此，缺乏文化支撑的潞商也就失去了“延年益寿”的生命本原。

申家宅院位于山西省长治市郊区西白兔乡中村，北依小寒山，西临漳河，地处上党盆地的东北角，属于上党盆地的边缘丘陵地带。全村现有 300 多户，共 1300 余人，申姓族系占 70% 之多。

中村在明朝时属潞城县，隶山西布政司。恶劣的自然环境并未打消这里民众积极求生改善生活的欲望，他们从农业生产转而向丝绸、布匹、酿造等手工业发展。由于处在河东盐池及本地物资向东南转输的运道上，也是从陕西和晋南向河南运输的必经之路，并且是与以北的太原连接的重要通道，这样得天独厚的条件再加上本地铁矿产量丰富，于是盐与铁便成为泽潞商人重要的贩卖货品。据《潞城县志》记载，清朝至民国年间，中村是当地著名的物资交流中心集市之一。晋商发展的同时，商家大院也就成了晋商文化的代表，成为中华民居建筑史上一颗耀眼的明珠。

中村内申家的老宅院始建于明代中叶，至光绪年间基本建成。村内现存明清院落二十余座，窑五十余孔，房三百余间，基本保存

山西长治申家大院

完好，是非常宝贵的建筑遗产。村落位于半丘陵地带，地势呈东高西低、南高北低态势，以十字街为中心，呈网格状分布，分为东北、东南、西南和西北四个大的区域，申家宅院位于东北区域。

村中的明清建筑主要由两部分组成：一部分是建于古街道两旁的商业区，分布有当时申家在中村开的店铺，由当铺、盐店、布店、花店、染坊、铁铺院、歇马店等手工业、商业建筑组成；另一部分则是申家的家宅——二十四院，占地面积约 3 万平方米，主要用于居住、接待贵客，还有一些仓库。

村中一条古街自村口引入，贯穿全村。古街南北走向，并随着古商道与商业的互助性发展而演变成一条商业街，并且最终成为清代中村的村落布局轴线。古街北端止于申家大院，这就导致申家在村中开设的店铺布局呈现沿街与顶端两种布局方式，最终形成了 T 字形的排列。申家店铺所在院落的布局有两种：一种是院落本身正南正北朝向，而将临街一面的房屋设置为铺面，对外开放；另一种则是以垂直街道方向的空间轴线统领整个院落，多样的组合方式使得村落的空间布局更加灵活，而且有效地利用了土地。

村中空间布局另一个特色部分就是申家宅院，原由二十四座院落组成，由于建成年代久远加之“文化大革命”时期一些人为的破坏，现在只有七座院落保留完好，但是从倒塌的墙垣和留存的基石，仍可看出当年大院的规模和气魄。这二十四座院落分列于东西两条并列的轴线上，一条高差近 4.5 米的断坎将两条轴线自然分开。

从十字街往东，首先步入的是二十四院西轴线。西轴线上分布五个空间节点，分别是临街的店面院、过厅院、花园、宅院以及裙楼、窑洞。商家独有的宅院功能，承载了以店面为中心的外向性功能模块和以花园为中心的内向性功能模块。西轴线的起点是十字街东北角临街的空间，这里并列地设置了两个前店后寝的宅院，分别是当铺和盐店铺，这当属商家宅院的一大特色。两个院子之间用巷道相连，虽为巷道却也是二十四院西轴线的起点，故在临街处建有门，既保障了院落的私密性，也为院落空间的功能增加了趣味性和相对的完整性。沿巷道向北则进入了商家宅院的又一特色空间“厅”房院。厅房院是一个多向性空间，对内对外的流动性都很强。厅房院的北边是小花园，也是内外空间的分界点，由此向北则进入到后宅院。

由盐店院向东，在断坎上面的院落组成了二十四院的东轴线。东轴线上分布了四个空间节点，分别是三节楼、中庭院、东庭院以及东北角的两进牛棚院。东轴线承载的使用功能与西轴线相比较为单一，大多为不承担对外交流功能的宅寝。沿拔贡院前的小路向东爬上断坎，首先看到的就是三节楼院。这是一座一层窑洞再加两层楼房的三层门楼式建筑，也是申家大院里的制高点，起到了保家护院的作用。三节楼的西边一条小道直通后宅院，东面是中、东两组并列的庭院。中线庭院南起中庭下院，直接利用台地的侧面挖凿窑洞组成，地势较低。中庭下院正房窑洞的正中有一条导入型通道，连通其后的中庭院。中庭院也是现存整个大院里单体建筑形制最高的一进院落。中庭院之后为中庭后院，院子已毁，只有基址可见。与中庭组院并列的东庭组院分别是东庭下院、东庭院和东庭后院。两院的空间布局基本一致，东庭组院每进院子的规模均大于中庭组院。东庭下院大门临十字街，东庭院建在台地上，与中庭下院平齐。台地上的每进院子均开设旁门，方便相互贯通。东庭组院的北面原建有两进牛棚院，是申家杂役圈养牲口的地方。整个东轴线连接了三大功能模块——防御、居住和辅助。

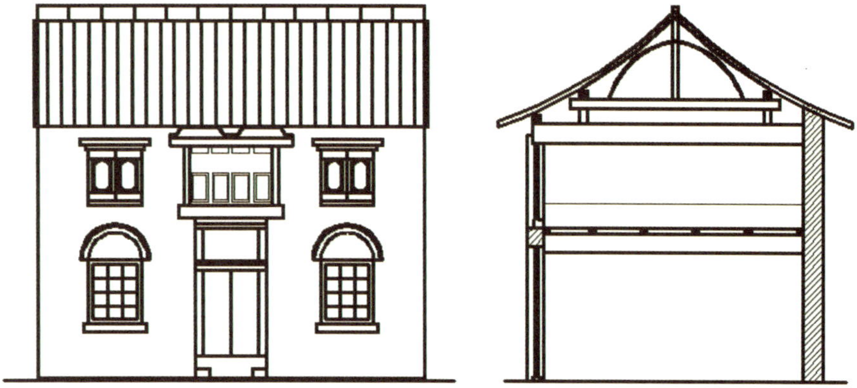

图 1 申家宅院厢房立面图、剖面图

多元化的要求使空间功能性质也具有多样性，但在众多空间特性要求的前提下，申家大院用简单而有序的组合方式解决了多重矛盾，充分体现出申家大院在规划设计之初对于空间处理手法的独到认识，同时也是晋商建筑文化中空间特征的一个优良典范。

申家的宅院在经历土地革命后，房屋产权发生了很大的变动，但其中大部分民居单元可以找到很明显的痕迹，证明原宅是一户人家所有。通过分析保存完好的这部分建筑的平面格局，我们发现这些民居最基本的构成单元是三合院与四合院。三合院大门一般居中，有屋宇式与墙垣式两种，左右厢房各三间，一明两暗（见图 1）。堂屋多为二层，三间或五间。四合院一般大门多为屋宇式中间开门或侧向开门，其余与三合院同。基本单元通过拼接，组成了四种模式的院落：第一，维持三合院与四合院的基本形态。第二，两个三合院的基本单元相对接组合成一个大的四合院，院子中间不设置厅房，而是用横墙相隔，墙中设垂花门，前为大门，后为正房，形式如同象棋中的楚河汉界，故俗称“棋盘院”。两个三合院相对串联在一起，中间设厅房，形成两进四合院（见图 2）。一个正向的三合院与一个倒转 90 度的三合院相接，通过第一进的厢房进入第二进院落。

大多大型的院子都采用由南到北逐层升高的模式，成了一至两层东高西低的台阶形断面。这种较为完善的院落形制也是申家等级制度和宗族意识的一种体现。同时在影响申家宅院布局的因素中，风水禁忌也是重要的一个部分。

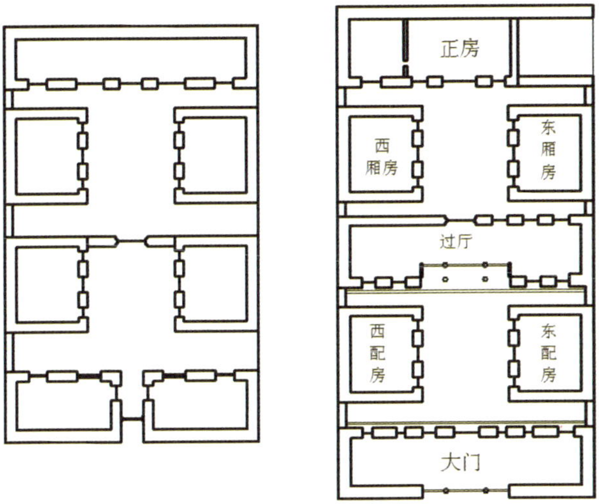

图 2 申家大院盐店院平面图、拔贡院平面图

作为商人，如何设置敛财聚气的吉宅，是他们首要考虑的问题。风水学上，以门的前方有明堂为吉，以开中门为首选，如前方无明堂，则以开左方门为吉。大门在东南角，称为青龙门。风水学称这种布局为坎宅巽门，最为吉利。中村宅院普遍采用的正是上述两种方式。

中村是一个历史文化浓厚的古村落，申家二十四院的开发，既是研究潞商及山西晋东南地区民居的宝贵实物资料，也是填补潞商文化研究极好的实物档案。潞商史实的挖掘，将会填补晋东南有关潞商这一著名商帮研究和旅游资源的空白。目前在中村发现的这座潞商民居，也许还不能完全代表潞商当时民居建筑的最高成就，但却是唯一的发现。中村申家二十四院直接反映了明清以来当地民居的建筑布局、风格、艺术以及政治经济状况、文化习俗和日常生活等诸多信息，有着重要的研究价值。

第二节　常家庄园　儒商风范

山西榆次常氏是我国福建至欧洲万里茶路的开拓者，常家不仅精于经商，而且重视对子孙的培养，坚持办学达八十多年，代代恪守“学而优则贾”，常家因此也有了“中国儒商第一家”的美誉。

关键词：儒商　万里茶路

山西榆次常家庄园豪迈恢弘，透过城门洞望进去，鳞次栉比的宅第拥着条宽阔的古街，接着是街市、牌楼、戏台、深宅高院……常家庄园融院落与园林于一体，除了令人眼花缭乱的宅第庭院外，最大的看点还有那极富江南情调的园林。面积达八万平方米的静园是我国北方最大的私家园林，亭榭楼台点缀其间，北派质朴大方与南派小巧细腻浑然一体。

常家庄园地处山西晋中榆次区东阳镇车辋村，晋中一带流传着一句民谚：“乔家一串院，常家两条街。”据《常氏家乘》记载，常氏在明末就已开始了宅院的修建，而大规模的建设和逐步形成则是在乾隆三十三年（1768），常氏后人常万玘和常万达分家析产，分为南常和北常之后，常万玘在车辋村建“南祠堂”，立“世荣堂”，以村西南为轴心，向东、南发展，建成一条西街；常万达在村北建“北祠堂”，立“世和堂”，由东向西毗连修建，成一条新街，俗称“后街”。经过两百多年的修筑，两条大街两侧均为

◎《儒商常家》书影

山西榆次常家庄园

深宅大院，终于形成了占地60万平方米、房屋4000余间、楼房50余座、园林13处的规模宏大的建筑群，占地几乎达到了原车辋村面积的一半。即使我们从现已修复的原有规模四分之一的建筑群和占地十五万平方米的规模来看（其中宅院部分为4万余平方米，园林为8万平方米，庄园东面的附属设施为3万余平方米），常家庄园也是中华庄园式民居中规模最大的。

常家庄园最大的特点还不在其大，而在于其高雅的文化品位、凝重的历史文化底蕴，以及集南北建筑风格之大成、融院落园林于一体的特色。更为难能可贵的是，这处巨型宅院的建设虽然在几百年间持续展开，但布局设计、工艺技术、艺术风格方面却能始终保持协调一致、前后统一，实为明清时期中华民居中的典范，世界民居中的亮丽瑰宝。

昔日的常家庄园，乃四起堡壁，八面建有堡门，目前只恢复了东堡门（敦良吉门），修补了环围12万余平方米宅院与园林的堡墙，使其整体成封闭式。常家庄园以东西街为界，街南习称“南常”，街北习称“北常”。

北常的堂院建筑，连同偏院、客院等共为19个大院。每个大院的面积约

山西榆次常家庄园西院“百寿”照壁

为1500平方米左右，布局为内外两进或三进，成外方内长的内外四合院组合形式。外院临街，正院大门偏东，南楼倒座，内有东西厢房各五间。正北为一处倒座南房，正中设二门。里院正面是宽敞明亮的五间明楼，楼上是大厅，东、西各十间厢房，正中有夹牌楼，将里院又隔为前五后五、前四后四或前三后五的前后院。这些院落轴线中正、左右对称，前堂后寝，等级森严，充分显示了名门望族的气势，又具有南国园林建筑的灵秀，“方正”中浸透着“绮丽”。

南常占地14万平方米，其代表性宅第坐落于刘寨西南角上，兴建于乾隆中期，后经多次扩建，大门坐西朝东，飞檐挑角，后来被人们称之为“南挑角院”。大门后是一条石砌甬道，全长一百余米，称之为“石头巷”，巷尽头有一照壁。巷北依次有六个院落，院门都是坐北向南，门对面都有照壁；每个院又分为里外院，里院正厅五间，东西厢房各十间，中间设有夹牌楼，南房五间，中为门道。房屋全为砖木结构，雕梁画栋，精美绝伦。这座老院建成后又向东、南扩建，南面两座新院也同样坐北朝南。

西院进门后，有座雕刻着一百个“寿”字的砖砌照壁，“寿”字字形各异。院内南北有两个面积都在100平方米以上的大厅相对峙，东西厢房各五间，东房中的一间与东院相通。东院的厅室结构与西院基本相同，只是东南角开设有大门可通往偏院，以供车辆出入。

常家庄园最值得骄傲之处在于其每个大院后面和侧面都辟有小花园，种植着许多树木和珍花异草，园中有回廊、雨道、草厅等，还有许多精美的砖雕，雕刻精细如绣，栩栩如生，寓意深广。每个花园都通往占地约8万平方米的静园。静园是中国民间最大的私家园林，由各成一体的狮园、杏园、可园、桑园等自然相连，顺势天然而成的名花古木、低亭高阁、水溪池潭、小桥曲径镶嵌其间，此园融北方之大气与南国之灵秀于一体，营造出一个超凡脱俗的世外桃源。

山西榆次常家庄园静园

一、严谨持家　亦商亦儒

常氏家族堪称以儒学治商传家的典范，其在修建庄园时，自然也处处强调儒家的秩序伦理。昔日，孔夫子讲学于杏坛，而常家庄园中栽种最多的就是杏树，表达了常家人对孔子和儒学的景仰。

儒学最重人伦教化，《汉书·艺文志》中提道："儒家者流，盖出于司徒之官，助人君、顺阴阳、明教化者也。"人以个体形式存在于社会，必在群体中生活，于是，必有个人与个人、这部分人与那部分人在群体中的种种关系，君臣、父子、夫妇、长幼、尊卑，依自然"阴阳"而定，构成等级森严的人伦关系。儒家强调用"礼乐"的思想去创造建筑以及庭院空间和谐、有序的美感，并用这种美去约束、加强人的尊卑长幼思想，形成"各居其所"的长幼尊卑秩序。常家庄园就是严格按照这种儒家伦理学的思想建造起来的，通过建筑物在庭院空间中的中轴、高低、大小等外在真实表象，来表述着各自

◇ 山西榆次常家庄园

山西榆次常家庄园内的常氏宗祠

的等级位置。

常家庄园以方正的四合院为主体，轴线中正，左右对称，前堂后寝，等级森严。建筑结构有严格的上下偏正之分，决不越方正之规、等级之矩。宅院的建筑原则充分展现了儒家礼仪中内外有别、上下有序的原则。每堂的前院，是仆人居住的房间，也可供来客住宿，其他房间则堆放杂物。偏院则用于厨房、饭厅、储藏室。庭院正中占主要地位的是正房，中轴线贯穿其中，坐北朝南，体量是整个宅院中最大的，这里是家里长辈起居兼会客、议事之处。正前方的左右厢房是晚辈居住的地方，厢房的开间小，进深也浅，同样严格按照长幼之分、男女之别的等级地位来划分居处。上房厢房以兄东弟西的方式来安排，下房以同样的模式来安排下一代人，南房为绣楼，下层丫鬟居住，上层居住未出阁的小姐，妇女不能随便到外院，井然有序，不得有越制之举。

《荀子·礼论》言："礼有三本：天地者，生之本也；先祖者，类之本也。君师者，治之本也。"儒家典范中对祖宗的礼制应用在民居建筑上，表现为祭祖之用的祠堂的建造。常氏老祠堂建于何时已无法考证，但到了清末光绪年间，南常一支与北常一脉，则先后分别建起了属于自己这一支系的祠堂，被称为“南祠堂”和“北祠堂”。南祠堂建于光绪二十一年(1895),是在原老祠堂的基础上修建而成的,位于常氏南北街的石头巷对面,呈坐北朝南方向。内院设大厅五间，其中三间有抱厦，内置神龛，奉祀祖宗灵位。以南常、北常而论，南常为长门，其祠堂所奉从常仲林始的远祖和自六世祖常正之后的本支祖先。北祠堂是北方民居乃至晋商各大院中规模最大、结构最为完整的祠堂建筑，建于清光绪五年（1875)，位于北常后街东端北侧，院宽25米，进深100米，开间为七间，为三门四进式，结构舒展大方，气象雄浑壮观。

在常氏宗祠二门两侧的立柱上，篆刻着这样一副楹联：

盛地临涂水源之远流之长绵延支脉，

华宗聚辋川霜以栖露以惕感触春秋。

此联一气呵成，朗朗上口，对仗工稳，由清咸丰举人温晋昌撰写。

山西榆次常家庄园常氏宗祠二门两侧立柱上有一副楹联：盛地临涂水源之远流之长绵延支脉，华宗聚辋川霜以栖露以惕感触春秋。

山西榆次常家庄园楹联

在常氏建筑的若干楹联匾额中，修身立德、尊师尚俭之类的内容占有很大比例。这正是能够凝聚整个家族数百人团结于一体的精神支柱。常氏长辈在商业界取得辉煌成就的时候，能够时刻警觉到丰裕生活可能给后代带来“奢侈淫逸”的副作用：

绍祖宗一脉克勤克俭，

教儿孙两事唯品唯德。

——常立屏“养和堂”联

浩博旁通，诗书上不许俭；

雍容儒雅，衣食边只要勤。

——常麟书“雍和堂”联

常氏重视教育，藏书之广可以说是汗牛充栋，仅光绪年间驰名三晋的常氏后人常赞春先生捐赠省、县、乡等图书馆的家藏书籍就达一万多册。常家藏书之多有以下楹联为证：

三坟五典却是日常家用，

四书六经原本济世文章。

——常家“体和堂”联

常家庄园节和堂

常家庄园雍和堂

常氏是三晋大地办学时间最长的家族，是名副其实的“儒商世家”。清代咸丰、同治、光绪年间，常氏各门共办私塾17所。常家子孙历代也出了为数不少的人才。譬如，常氏十二世常炳书法方面造诣颇深。十二世常佶双钩字被族人称为独一无二。十二世常怿画山水及马、虎等小品，颇见神韵。到常氏十三世，涌现出一批研究学问、精于书画、善于藏书且订有目录者。此外，近代常家也出了不少名人志士。

二、门楼知稼　鬼斧造园

常家庄园除了建筑群以外，占全园面积最大的是其私家园林——静园。静园占地8万平方米，将我国南北方园林艺术融汇其间。静园初建于乾隆年间，完成于光绪初年。当时正是我国造园艺术发展的高峰时期，而且，庄园主人数代往来于江南与大漠之间，这就造成了静园所具有的精致、肃静、空灵、通透的高雅格调，以及融合北方质朴大方与南派小巧细腻于一体的特色。而在此之前，这里早先不过是常家的杏园、枣园、桑园、花园等后园子，经年经营，终成气候。

今天的静园被山湖水系连成一片，杏林、狮园、湖区、山区、遐园、槐园、可园错落其间，大中有小，小中见大，远近高低，宛若天成，“人在园中观画意，亦被他人当画观”，真可谓举目皆诗意，步步可寄情。在静园里，处处绿树成荫，花木繁盛，植物和建筑、水系相映成趣。

静园栽种的树种以当地树种为主，有槐、旱柳、油松、枣树等乔木，紫荆、鸡血藤、杏、桃等花灌木。此外，廊架上种植紫藤，湖池里浮生着莲花，山坡上全是草地，不见一块黄土，就连石头缝里都生长着野花。静园里的植物种植形式主要以自然式为主，乔灌木相结合，三五一丛，疏密相间，常绿和落叶搭配，在傍晚时候，从湖面的一边看对面，远处高低变化的林冠线在夕阳余晖映透下，显得十分美丽。

静园之水由东而西，从不高的堤岸上，数股清泉跌宕而下，泻入叠石而岸的小潭中，由于它淙淙有声、清澈见底，使人联想到唐代大诗人柳宗元的

常家庄园 · 花园

名篇《小石潭记》，于是此潭便名曰“小石潭”。潭的北岸连接着一条曲折蜿蜒的溪流，名曰曲溪，取两晋文士厌恶喧嚣繁闹，喜爱自然山水，常常以曲水流觞自娱之意。与曲溪两端相连的十余亩的湖面，就是静园水系的主景昭余湖。相传在大禹治水时，山西晋中一带有“打开灵石口，空出晋阳湖”的传说。其实在大禹治水时，晋阳这个地方还是一片汪洋，名叫“昭余祁泽”。大禹退水后，晋中大地留下了大小无数个湖泊，后来有的成了良田，有的成了洼地，有的仍为湖泊。由于静园这片湖水一直是个湖泊，因此人们习惯地称为昭余湖。在静园水系中，除了自成体系的小石潭、曲溪、昭余湖外，还有三处独立镶嵌于园中的小池，那就是位于遐园中的洗笔池、石芸轩书院中的方正池和遐园外的小荷池。静园每一处园景的命名都与一段故事、一首诗词联系在一起，每一处园景都是一首诗、一幅画、一个传说。

常家庄园住宅建筑大多数正院是“前五后五夹牌楼”的布局形式。风格迥异的厅堂楼阁，廊檐门饰，以诗文格言、梅兰竹菊、琴棋书画图案为主题的众多木、石、砖雕，体现了主人特有的文化修养和浓郁的生活情趣。静园

山西榆次常家庄园石芸轩书院

山西榆次常家庄园内的砖雕照壁

中的园林建筑更是形式多样，几乎包含了私家园林建筑的所有种类。在新修复的常家庄园中就有一阁两轩、十三亭、二十五廊、牌坊门楼和石桥数个。园林建筑不仅种类多、布局合理，而且建筑装饰艺术也堪称一绝。有人说，常家庄园之美，美在装饰艺术，门楼、窗棂、彩绘、雕刻等，几乎无一不精，无一不美。从形式、数量看，其砖券圆顶门、二柱歇山门、双柱飞檐挑脚门、二柱卷棚门、垂花夹牌门，还有石柱门、月亮门、瓶形门、仪门、欧式风格门等，就多达 143 种；砖雕、石雕和木雕的各种窗棂、影壁，更是数不胜数；窗式图案达 120 种，600 余幅。寓意主人品位的影壁达 81 个之多。从内容看，吉祥图案、花鸟鱼虫和人物故事，或程门立雪、或三国春秋等，皆蕴涵着儒、道、释诸家的文化意韵，并且刀法娴熟，线条流畅，结构明快，布局优雅。其中具有清代“汉纹锦”风格的彩绘，尤为精美，当为东方建筑之绝唱。

传统的儒道思想是常家造园的文化根基。在中国历史上许多的达官显贵、豪商巨贾总是踌躇满志地走出去，最终又神闲气定地落叶归根，在家乡寻找最能体现自己人格修养的参照物，因此园林便成了他们精心打造的作为生命体验与人格升华的精神王国。从园中的“一苇渡江”“达摩面壁”“大肚罗汉图”等砖雕石刻中，更可想象出园主当年奔波万里商途、回归家园后怡然自得的心境。道家逍遥游的人生观在中国传统园林建筑上笼上了一层浓厚的文化气息，园林成为道家雅逸情怀的载体，因此建筑不仅是可居的，而且是可游的。

常家庄园拥有中国民居中最大的书院，是吟诗作画、培养情操、教育子弟的书廊学府。书院正面的主体建筑“听雨楼”，是常家子弟吟诗作画、研读史书的场所。此外，主人不仅栽下十亩杏林，还请回孔子像，在杏林之中设杏坛，以教导后人。这些都充分体现了晋商尊儒重教的思想。老子《道德经》中有言：“归根曰静。”此园以“静”为名，与园中的八卦影和石刻上的老子格言，不难看出园主对道家返璞归真、天人合一的人生境界的向往。杏林的影壁正中有一幅太极八卦图，八卦图两侧是四个插屏式壁挂：一对是夔龙图案插架，一对为草龙图案插架。砖雕内分别雕刻着牡丹、青莲、菊花、梅花，代表了一年四季。我们从太极八卦与四季花卉图中可以领悟到世间万物随时变迁的哲理和人生的道理，也可看出造园者极高的文化涵养。总之，常家庄园中的亭台水榭、花圃楼阁、山林曲水，无不蕴涵着深厚的传统文化内涵。

第三节 曹家大院 富可敌国

曹氏家族是山西“金太谷”的首富，靠种豆、卖豆腐起家，成为关外有名的大商，在清咸丰年间达到鼎盛。曹氏家族聚集在山西太谷县北洸村，其建筑以按“福”“禄”“寿”“禧”字形建造的四座大院为代表。曹家大院是幸存下来的“寿”字宅院，又称“三多堂”，意为多福、多寿、多子。

关键词：金太谷 三多堂 奇珍异宝

步入山西太古曹家大院，尽管早已人去院空，但拂去积尘，从荟萃一堂的古色古香的明清家具上，流金岁月的背影依稀可鉴。院落最北边的三座三层高的统楼内珍宝馆收藏的奇珍异宝，被形容为“富可敌国”。

一、丛楼耸翠 垣宇蔽天

太谷曹家大院——三多堂博物馆位于山西省太谷县城西南 5 公里处的北洸村东北角，北临南同蒲铁路和 108 国道。三多堂外观雄伟高大，形似城堡，独立村北，与四周低矮的民房形成鲜明的对照。宅院总占地面积 10638 平方米，建筑面积 6348 平方米，建筑古朴，风格深厚，气势凝重，装饰精美，是明清时期山西境内最具北方特色的深宅大院之一。三多堂既是曹氏家族进行经营决策、金融贸易、巡视监督大小商号的总部，也是曹家生活和娱乐的大本营，而院内的建筑沿袭了明代古朴、简洁、高耸、大雅的风格。

曹家始祖曹邦彦是太原晋祠花塔村人，以卖砂锅为生，明洪武年间举家迁移到太谷北洸村，兼以耕作。到第十四代“三”字辈中有个叫曹三喜的独闯关东做买卖，获利甚丰，当时所谓“关外七厅”均有曹家的商号。清兵入关，又把生意做到关内，先在太谷设号，后向全国辐射。到清道光、咸丰年间达到鼎盛，大江南北都有曹家的铺面，达 640 余座，资产高达 1200 万两白银，

山西太谷曹家大院

雇员有 37000 余人，所以有“凡是有麻雀飞过的地方就有曹家的商号”的说法。曹家随后又跨出国门，东到日本，北到莫斯科，西到巴黎、伦敦，把国内的茶叶、布匹输往国外，引进日本的钢铁、高丽的人参、俄罗斯的金属制品。曹家在山西和蒙古高原之间走出了一条“茶叶之道”,可与历史上的“丝绸之路”媲美。据《太谷县志》载：“谈三晋富庶者，无不于谷首屈一指。”而太谷各商，又以曹家为首富。曹家的商业自曹三喜在东北苦心经营起家，一直到衰落为止，共计二十四代，惜于光绪甲午、庚子年以后，由于战争、商业竞争、子孙的骄奢淫逸等导致曹家经营失败。

清道光、咸丰年间是曹家的极盛时期，曹家在北洸村相继建起了一批规模庞大、富丽堂皇的宅院，如五桂堂、怀义堂、福善堂、三多堂等，尤以“福”“禄”“寿”“禧”字形建造的四座大院最具代表性。幸存下来的“寿”宅院，是曹氏家族中的一个分支堂名，习惯上称寓意多福、多寿、多男的为“三多堂”。这座宅院以高耸大雅、厚重古朴的特色冠于群院之首。三多堂坐北朝南，分南北两部分，东西并排三个穿堂大院，连接三座三层十七米高的楼房，内套十五个小院，现存房舍 二百七十七间。整个建筑雕梁画栋，龙楼凤阁，鳞次栉比，信步廊庑迂回，举目檐牙高喙，好一座庞大气派的豪门宅院！楼顶还建有三个亭式重楼，飞阁凌空，是曹家护院家丁巡逻之地，也是主人举杯邀月之所。当清晨雾气霭霭之时，或黄昏暮色茫茫之际，站在远处观赏，三座顶楼和整个建筑一起,酷似三头庞大的“牛”“羊”“猪”形。这种追新逐奇的建造意识，给宅院平添了几分辉煌和神秘。

三多堂正面开有两个大门。太谷城乡昔日的富户修建楼宅大院，一般也开设两个大门，一个拱形，走人；一个矩形，走车、走轿。而三多堂两座正门都是拱形，并不分走人走车走轿。三十米长的廊檐斗拱，十二根大红漆木柱支撑，把两座大门罩在其中。每逢喜庆的日子，一盏盏大红宫灯高悬其间，一派喜气洋洋。

走进大门，就是当年的正门院，正门院与主院相对。南房过去是中药房，收购珍贵药材，为曹家上上下下一家老小看病、配药，也对外营业，服务氏族宗亲、同乡邻里。东西两厢为三多堂总号的账房，所以这个院子也叫作账房院。三多堂商业经营鼎盛的时候，这里控制着全国、甚至海外的四百多家商号，流动资金达几千万两白银。

山西太谷曹家大院

山西太谷曹家大院

穿过这座院子，是一条横贯东西的甬道，甬道长 66 米，宽近 5 米，用石条铺砌而成。这条甬道将三多堂大院一分为二，分为南北两个部分，甬道南面是外宅，分别为账房院、厨房院、书房、小戏台院、正门院、东门院。甬道北面是内宅，是三多堂大院的主体建筑，由东西并列、各自独立又互相连属的三座穿堂深宅楼院组成。

这条把三多堂内宅和外宅一分为二的甬道，表现了封建社会上下有分、内外有别的生活现实。宋代司马光在《居家杂仪》里就规定："令仆子非有警急修葺，不得入中门。妇女婢妾无故不得出中门。只令铃下小童通传内外。”司马光在《涑水家仪》中写道：“男治外事，女治内事。男子昼无故不处私室，妇人无故不窥中门。男子夜行以烛。妇人有故出中门，必拥蔽其面。”在这样的深宅之中，客厅一般都设在外院，男客来，主人在外院接待，能进内宅的外人很少。

曹家在外经商，与大千世界接触，打破了家乡封闭、落后的生活环境，他们开当地风气之先，在大院里安了电灯、电话。1920 年，三多堂的曹师宪从天津买了一辆美国制造的小汽车，并雇有司机一人。据说当时为山西督军的阎锡山得知后分外眼红，曹家也乐得做顺水人情，便借给阎锡山使用，直到汽车破损后又送还曹家。1938 年日军侵占太谷后，武装包围三多堂，将财物抢劫一空，这辆汽车也被抢走了。

在甬道的东西两端，各有一座大门。东边的大门是拱形大门，人们习惯称之为“吉利门”，开门出去就是东街。这座门常年紧闭，只有闺女回娘家，车轿从这座门进三多堂，而不用经过外宅。还有曹家发丧也走这座大门。再有就是嫁丫鬟的时候，丫鬟的花轿也走这座门。到了 1920 年，曹家有了小汽车以后，走东门比走正门方便，曹家便将东门改叫作“小汽车门”。

甬道的另一端是西门，西门是个矩形门，门比东门小，直通花园，现在花园没有了，也不临街，所以终日关着。门上也有一个门楼，是神祖阁，供奉着祖先的牌位，整整齐齐地陈列着推车、砂锅、打狗棍、扁担、石磨、豆腐筐六件曹家起家时用过的物品，桌上摆放着香炉、长香、油灯、烛台。每逢春秋两季，曹家长辈率领儿孙和一些商号的掌柜、伙计，开阁祭祖。仪式过后，由东家和掌柜一起动手磨豆腐，铭记祖先创业的艰辛，教育后辈子孙承继祖业，发奋图强。在神祖阁的门楼上还有一副对联，上联是：推车扁担开创三泰商号；下联是：三泰商号经营推车扁担。横批：饮水思源。旧日的三多堂，每夜十点，第一声炮响，随即内外各院门户紧闭。午

山西太谷曹家大院内院

夜十二点，第二声炮响，堡门上锁，即使有曹姓子弟被关在了门外，没有掌门人放话，天亮之前大门绝不会再开，被关在门外的人也只有去找个地方过夜熬到天亮再说了。

甬道南面的外院除了正门院（也就是账房院），还有西门院。当年，三多堂的正门常年关闭，西门才是日常出入的通道。西门前有上马石，为开放式的三合院，南房为门卫居住，五间东房大概住着一个个膀大腰圆的家丁。

家庭戏台院是三多堂最为精巧别致的建筑。整个小院为四合院，正南厢房前建四角小亭一座。四合院的院心东西六米，南北八米，房子呈细廊式结构，可作回廊走动。戏台小巧玲珑，具有苏州园林建筑风格，东西宽三米，南北长四米，台高三十厘米，四周加设护栏。这里当年曾为山西梆子的形成和发展起过重要的作用。

据戏剧史专家考证，曹家这座家庭戏台院是目前山西民居中仅存的两座家庭戏台院之一，另一座在山西太谷县城孔祥熙宅院里。曹家这座小戏台平日很少使用，即使曹家逢婚嫁、生日、满月这样大喜的日子，也都是在三多堂里选一处宽敞院落另搭戏台。而这座戏台院只有曹家主人在招待社会名流、达官贵人时，才会请名角在这座袖珍的小戏台上演唱。小戏台唱戏的时候，院中支起雪白的棚布，摆两张桌子、几把椅子，备好茶水、各色干鲜水果、糖果点心，宾主边看边聊。

俗话说：商路即戏路。曹家为联络情感，团结地方势力，各地的商号每年都在当地关帝庙里举办商会戏，大唱三天。曹家每逢年节更不惜重金邀请家乡有名的戏班子，远涉千里，巡回演出，以安慰远离家乡的掌柜伙计们的离愁别绪。这座戏台院不演戏的日子多，唱戏的日子少。平时这座院子是三多堂子弟的书房院，三多堂的子弟就在这里接受文化教育，教师多是请那些从大商号退下来的大掌柜担任。

从楼宅顶上的平台俯瞰整个三多堂就可以看到，一条东西向的甬道将整个建筑群分为内院与外院两个部分，南北向又有三座由前、中、后三个院落串连而成的楼宅院。另外两座并列其中的偏院，同样也自成体系。

这三座相连的楼宅大院和两处偏院，并不是出自一人之手。东院是曹家四门流青堂所建，中院是曹家五门三多堂所建，西院是曹家七门五桂堂所建。到了清朝光绪年间，四门和七门的后人将这两处院了卖给了三多堂，又经过了三多堂几次的彩绘修缮，才成为今天三多堂的格局。有趣的是，这三座楼宅大院虽然出自不同主人之手，但结构布局却是如出一辙，可见曹氏一族族人的审美趣味与伦理价值完全相同。

这三座楼宅大院由倒座楼、前院、过厅、后院、主楼、偏院组成。平面布局为并列的三座两进四合院和两进四联环套院，东西院的东墙辟有垂花门与偏院相通。它打破了一般富商建造住宅的风尚和建筑格局，即两进四合院为“外三里五”，外院三间架、里院五间架的格局，而三多堂的里外院都是五间架，两厢各有房舍五间。院庭十分宽阔，屋檐梁椽等木结构上饰有彩绘，屋脊上有保留完好的砖雕，如莲子垂花、如意垂花和勾连万字、寿字、喜字。透过大厅向里院看去，主楼底层基座隐现，更感等级森严，体现了曹家财大气粗、家大业大的官商气魄。建楼的当年，正值曹家处在鼎盛时期，可以多多少少看到山西富商巨贾的面貌。

厅堂是传统住宅建筑中规格较高的建筑，所以明清两代的过厅厅堂是传统宅院建筑中规制最严格的，厅是最讲究的建筑。明清两代，对厅堂的等级有明确的规定，在《明史》中就有记载，“庶民庐舍不逾三间五架，禁用斗拱彩色”，“一品、二品厅堂五间九架”。曹家西大院的厅堂是五间八架，而东大院的厅堂则是五间九架。

西大院的这座厅堂，厅长十六米，宽十三米，高八米。从外面我们可以看到，一扇扇做工精致的隔扇门将厅堂密闭起来，厅内方砖墁地，大梁滚金。房顶上的十二根横梁中最粗的四根用金粉做底，再绘彩画，画的是凤凰戏牡丹。曹家不惜代价，雕梁画栋，堆金沥粉，斗拱飞檐，装饰十分考究，可见当年的富有和铺张。可惜的是，这些彩绘在 1938 年日军抢劫三多堂时，连厅堂大

山西太谷曹家大院内院

梁上的金粉也被日军用刺刀一点一点地刮走了。现在从大梁上那一闪一闪的金光中还依稀能看到曹家昔日的影子。

穿过大厅进入里院，三层明楼凌空而起，东、中、西三座楼宅大院的主楼连在一起，长六十六米，宽八米，高十七米，底层墙厚近两米。在三四百年前，建筑如此高大宏伟的民居，实不多见。楼的地基坚实，全部用木桩打进地层，然后再用砖灰土混合灌铸，地面加砌近两米高的石条缠腰，然后才开始砌墙。主楼的窗户为斗拱形，墙体厚度逐层递减，有效地减缓了墙体的自身重量，有很强的抗震、保暖功能。

主楼门前，有九级台阶。西楼宅院主楼的台阶两旁有花岗岩浮雕的护栏，石栏上面有雕刻精美的小狮子。每侧石栏上有四只，两侧加起来共有八只，再加上下面这一边一只的卧狮，一共有十只。四只，八只，十只，这些数字都是寓意着事事如意、时时发财。护栏上的图案还有浅浮雕的戏曲故事和种种吉祥图案，如：牡丹花和白头翁，寓意富贵白头；松鼠戏葡萄，寓意多子多男；一蔓千枝缠枝莲，寓意财源滚滚，腰缠万贯；蝴蝶菊花，寓意长命百岁。还有琴棋书画、丹凤朝阳、喜相逢、金玉满堂、麒麟送子等吉祥图案，祈愿宅主人富贵吉祥，万事如意。这扇主楼的大门，铁皮包裹，上面布满了一个个的铁钉，这些铁钉也要组成五蝠捧寿的图案，蝠即福的谐音，寓意福如东海。

三多堂大院有两个偏院，即东院和西院，其结构布局均是正楼两层，楼门用铁钉铆着，前后院各有东厢房五间，为内宅女佣居住。偏院是男人不能随便出入的禁地。东偏院的正楼里为祭楼院，摆放先辈牌位。西偏院里的二层楼为绣楼，专为曹家的小姐居住。在曹家，男孩子可以接受家塾的教育；如果是女子，命运则大不相同。在绣楼的扶栏墙上，保存着比较完整的砖雕，图案有獾子头朝天、喜鹊头朝地、喜鹊登梅、六合同春、鹭鸶戏莲、松鼠戏葡萄、凤凰戏牡丹、竹报平安、马上升级等，无一幅图案重复。这些图案几乎写尽人生

曹家大院建筑模型图

的吉祥如意，但是住在这楼上的人，是否如意呢？

绣楼夹在西主楼和中主楼之间，而且后缩数尺，明显是低楼后退，表现出男女有别、男尊女卑的封建礼教思想，意思是指女子不能出人头地。在封建大家族里，年幼的小姐依照家训，十三岁时便被送上绣楼，学做女红。当地有民谣这样说：十三上楼十四嫁，十五生个毛娃娃。直到小姐出嫁时，才能离开绣楼，坐上花轿，在一片喜洋洋的鼓乐声里，穿红戴花，蒙着大红的盖头，被送到婆家去。

在三多堂三座楼宅的顶上分别建有三个榭亭，当地人叫它看楼。三个榭亭造型各不相同，凌空而立，凭栏远眺，山川田野景物尽收眼底。据说三多堂的建筑布局架构显现出一个大大的篆体的“寿”字，而“寿”字的最上一画正是主楼，登上楼顶的游人全站在了“寿”字的最上头了。

站在三多堂楼宅顶上俯瞰整个三多堂，可以非常清楚地看到整个三多堂的建筑格局，东西一条甬道将三多堂分为南北两部分，南边是外院，从东向西分别是东偏院、戏台院、账房院、西偏院、又一个戏台院，这里是商业经营、子弟教育、安全保卫、男仆人居住的部分。北边是里院，被厅堂分割为内外两进，这里是三多堂的内宅，是三多堂主人日常起居的地方，在这里陪伴着他们的还有近侍的女仆。

长幼有序、上下有分、内外有别的中国传统家庭道德伦理，决定了三多堂纵横分割清晰的建筑格局。纵向：前、中、后三进院落前后串连而成。横向：三座主院又有两座偏院相佐。这种结构才可能容纳得下三多堂几代同堂、仆役众多的大家庭，才可能相处得宜，合乎封建礼法。

二、奇珍异宝　琳琅满目

三多堂现陈列有四百多件明清家具，世所罕见的百寿大屏风用九十二块天然花纹大理石镶成，后部有上下五十个“寿”字和清朝三代帝师祁寯藻摘录古代十七位学者告诫后人的文章，以阴刻手法刻于其上，又以金粉饰之。螺钿镶嵌贝壳镜，用天然贝壳雕琢吉祥图案和“福禄寿”三星。“寸斤寸金”的红木半圆桌、立体造型的大理石座镜等各具特色。近两千件瓷器，从禅瓶、

立体造型的大理石座镜

三多堂“三色金火车头钟”，是慈禧太后西逃时向曹家借款后的抵押物。

罐，到碟、碗、盘，大大小小，琳琅满目，其中青花瓷响盆、茶叶瓶极为珍贵。

曹家当年号称有十二件珍宝，它们是玉白菜，三色金火车头钟，和尚钟，乌鸡钟，周代英雄壶（因形似飞机样式也叫飞机壶），汉玺盘（盘中有鱼、栩栩如生），三代鼎，郎窑瓶，翡翠玉牛，金沾钻石花，乾隆用过的九个如意（匣装、有玉的和檀木的），九扇景泰蓝屏风。而现存的三色金火车头钟是当年十二件珍宝中唯一保留下来的。

三色金火车头钟是用黄金、白金、钨金合制而成，重达 42.25 公斤，车身有一较大的时钟，车头顶上的白金铃铛可自动报时，铃铛前有一个汽缸，倒上水通过机械能转化为热能，可以看到从烟囱里冒出的蒸汽。车上还镶有晴雨表，可以预报气候变化。原本在车头下部还装有用钨金制作的 1.5 米长的轨道，有上发条的金钥匙，火车上足发条就可以在轨道上开动起来，活灵活现，实属罕见。如此精致的珍宝在今日依然品相完好，颜色亮丽如初。

三色金火车头钟是清乾隆年间法国使者送给清皇室的赠品，但如何能落到曹家手里呢？这其中还有一段鲜为人知的故事。相传在光绪年间，八国联军入侵北京，慈禧太后在匆忙逃往西安的途中，经过山西太谷时向曹家借巨资作为盘缠。庚子赔款之后，清室亏空，无力还款，便将此宝赐予了曹家，当年的借款之事也不了了之。金火车头钟本为皇室珍品，只因替太后还债而屈就民间，谁知在民间却留下了“金钟今尚笑西后，无有曹家怎北归”的笑柄。然而在曹家众多的宝贝中，这金火车头钟排第三，当年曹家之富可见一斑。

三多堂藏明代仇英临摹版《清明上河图》（局部）

曹家留存的珍宝中，比三色金火车头钟更为珍贵的和更具艺术价值的要数那幅明代江南四大才子之一的大画家仇英临摹北宋张择端所绘的《清明上河图》。这幅临摹作品宽 24.8 厘米，横长 747 厘米，画上有 1643 人、208 头牲畜，是我国绘画艺术史上罕见的风俗长卷，真实生动地展现了八百多年前北宋东京开封的生活情景。画面上宁静祥和的村庄，往来如梭的船只，如虹横架的拱桥，鳞次栉比的房屋，显示了北宋繁荣稳定、政通人和的社会风貌。在人物的描绘上，更是栩栩如生，三教九流无所不有。

第四节　王家大院　民间故宫

山西灵石王家大院是清代山西民居建筑的集大成者，也是晋商大院中规模最大的一处，由历史上灵石县四大家族之一的太原王氏后裔——静升王家于清康熙、雍正、乾隆、嘉庆年间所建，总面积达 25 万平方米以上。王家大院依山就势，随形生变，层楼叠院，鼎盛时共建有 8888 间半房屋，仅比紫禁城少 1000 间，面积却比故宫大出 10 万余平方米，有“中国民间故宫”之美称。

关键词：官商　民间故宫　王范

王氏家族源出太原，世居汾河峡谷间沟营村（今山西灵石富家滩镇沟峪滩村）。元皇庆年间（1312—1313）先祖王实迁至静升后，由农及商，人丁渐旺，继而读书入仕，遂“以商贾兴，以官宦显”，成为当地一大望族，也是明清时期山西具有“地主—商人—官僚”三位一体特征的封建统治阶层。因此，王家大院在各方面均表现出封建士大夫官僚之家的建筑风貌与气质——官气、文气多于商气。这种三位一体的结合与深化，与“学而优则仕”的传统思想

山西灵石王家大院

山西灵石王家大院

分不开，其建筑都严格遵循封建制度的等级规定，尊卑长幼、男女内外毫不逾矩；也用来显示财力权力、文化品位，书法匾额、楹联处处显示耕读之家的儒雅。

一、选址布局 尽显王范

王家大院的选址居高临下，负阴抱阳。一是占据灵石静升村北山坡黄土高地，背阴可以阻挡胡地北风，向阳能使阳光照射充足。二是凭借坡间由北而南的天然排水沟于左右，可保证宅居地“高无近旱而水用足”，无水灾之患，亦无缺水之虞。三是依山面水，居高可以望远。前览俯视，田园漫漫，河水潺潺；环顾四周，群山连绵，气象万千。夏日层峦叠翠，冬来银装素裹，一幅美妙的自然山水画尽收眼底，堪称理想之宅居宝地。其建筑结构，融历史、哲学、力学、美学为一体，前院为木构架形制，后院为两层窑楼，底层为前檐穿廊的窑洞，二层为梁柱式木结构房屋，构成了典型合理的梁柱式木结构建筑与砖石窑洞式建筑相结合的建筑形式，且结构附件装饰绚丽精致。如穿廊结构上的斗拱、额枋、雀替、枋头等处的木刻件及柱础石、墙基石等石刻装饰件，形式多样，做工极佳，充分体现了中国古代北方民居“坚固、实用、美观”的建筑特点。

王家大院的院落布局虽大都为多进式院落，但样式多变，组合得体。整个建筑设置，集官、商、民、儒四位于一体，既遵循了中国古代传统的阴阳五行之说，又合乎尊卑有序、内外有别的伦理道德礼制，同时还在建筑的局部和细微之处，汲取了南方园林建筑的设计风格，将造院技巧与造园艺术有机地融为一体，形成王家大院建筑艺术的又一大特色。如此种种，将王家大院缝合为多 元文化体的艺术大殿堂。外观，堡墙高筑，顺物应势，形神俱立，气宇非凡。入堡观览，庭院深巷，曲幽多变，巧连妙缀，有如迷宫。真可谓博大精深壮观，天工人巧地利。王家大院在保持北方传统民居共性的同时，又显现出了卓越的个性风采，不愧为中国民居建筑艺术之精品。

晋商大院中精美的石雕

据王家史料和现存的实物考证，明万历年间至清嘉庆十六年（1811），静升王氏家族的住宅，随其族业的不断兴盛，在村中，由西向东，由低到高，不断延伸，渐修渐众，营造了总占地面积达 25 万平方米之巨的建筑群体，远比占地 15 万平方米的北京皇家故宫庞大。在静升村“五里长街”和“九沟八堡十八巷”的版图里，王家至少占据了五沟五巷五座堡。其中，完全城堡式的五座住宅群，在地盘规模之庞大以外，更彰显出其磅礴的气势。据王家史料记载，当年王家在修建红门堡、高家崖堡、西堡子、东南堡和下南堡五座堡群时，分别以“龙、凤、虎、龟、麟”五种灵兽建造，以图迎合天机。即红门堡居中为“龙”，高家崖堡居东为“凤”，西堡子居西为“虎”。三者横卧高坡，一线排开，态势威壮，盛气十足。东南堡为“龟”，下南堡为“麟”，二者辟邪示祥，有稳家固业传世久远之喻义。今天人们所参观游览的红门堡和高家崖堡，可取意为“龙凤呈祥”或“龙游凤翔”。此二堡及同时修复开放的王氏宗祠（即孝义祠），均为清康乾嘉年间所建，有大小院落一百二十三座，房屋 1118 间，占地面积 45000 平方米，是王家大院保存最为完好的建筑之精华。仅此而言，虽没有恢复到王家当年五种瑞兽雄踞的气势，但保存至今，目前在国内也该称为奇迹了。正像国际知名学者、清华大学教授王鲁湘先生参观后所感叹的那样："王是一个姓，姓是半个国，家是一个院，院是半座城。"

红门堡建筑群的总体布局，隐一个“王”字在内，又附会着龙的造型。除前堂后寝的院落外，为顺应地形，一部分又应变为前园后院。各院间有的富丽堂皇，有的曲幽小巧。其砖、木、石三雕，有些因出自乾隆早期，古朴粗犷，还保留着明代风格；大多数同高家崖堡一样，皆清代“纤细繁密”之典范。

山西灵石王家大院内的孝义祠

高家崖堡建筑群两主院均为三进式四合院，每院除都有高高在上的祭祖堂和两厢的绣楼外，还有各自的厨院、塾院，并有共同的书院、花院、长工院、围院（家丁院）。周边墙院紧围，四门因地制宜，大小院落既珠联璧合，又独立成章，其或隐或现、多种多样的门户，给人以院内有院、门里套门的迷宫式感觉。现在，高家崖堡各院厅堂及居室内，依照“尊卑分等，贵贱分级，上下有序，长幼有伦，内外有别”的封建礼制格局，将静升王氏家族历代流传下来的大量家什物品已分门别类地陈列于其中，基本上恢复了王家当年的历史风貌。

高家崖堡、红门堡东西对峙，一桥相连，皆黄土高坡上的全封闭城堡式建筑。外观，顺物应势，形神俱立；其内，窑洞瓦房，巧妙连缀。于貌似千篇一律中千变万化，在保持北方传统民居共性的同时，又显现出了卓越的个性风采。

总的特点是：依山就势，随形生变，层楼叠院，错落有致，气势宏伟，功能齐备，基本上继承了中国西周时即已形成的前堂后寝的庭院风格，再加匠心独运的砖雕、木雕、石雕，装饰典雅，内涵丰富，实用而又美观，兼融南北情调，具有很高的文化品位。

二、融南北风　博天下长

王家因为有人在南方做官，所以宅院的设计借鉴了江南园林的一些风格，但两者又有很大的区别，根本原因就在于主人身份、地位、心态和意趣的不同。江南园林的主人多为失意的官吏或洁身养志的文人，他们厌倦了森严的统治秩序，精神上追求逃离皇权的束缚，必然会营造反中轴、反对称、充满自由感觉的山水庭院。而明清晋商大多与官府有着密切联系，甚至本身就在职为官，他们的发展与兴盛依附于皇权，所以宅院在设计方面很大程度上参照了皇家官邸的格局，讲究秩序井然、端正对称、统一连贯、尊卑有序。

规模宏大的王家大院建筑群，将木雕、石雕、砖雕陈于一院，将绘画、书法、诗文熔于一炉，将人物、鸟兽、花木汇成一体，既有北方建筑的雄伟

山西灵石王家大院内景

粗犷，又有南方园林的隽秀幽雅，使“方正”中浸透了“绮丽”。整个宅院处处充盈着儒家文化的严谨、道家文化的无为和佛家文化的空灵，呈现出心态从容的中国一代官吏的人生风采。以商为本的王家，正因为结缘了诗词歌赋，结缘了人文精神，其财富神话才得以完整地传承了六百多年。

王家大院的建筑设计，不仅有文人士大夫和画家的参与，而且还有造园理论家和美学家的指导。明末吴江人计成所写的《园冶》，是对明代江南等地造园艺术的总结，是一部比较系统、比较成熟的造园理论著述，也是世界上第一部造园学著作。书中阐述了“因地制宜”、“虽由人作，宛自天开”等诸多造园思想，系统地论述了空间分割、叠山制水、建筑设计和草木配置等具体的造园手法，为我国造园艺术在清代达到顶峰奠定了坚实的理论基础。在这种理论的指导下，王家大院这座位于北方内陆官气十足的深宅大院，形成了别具特色的江南园林风貌，往复无尽、迂回曲折的空间景观中，点缀着造型秀美的回廊亭榭、奇花异葩，室内的琴棋书画、文房四宝、山水盆景更是必不可少。真可谓“一勺水亦有曲处，一片石亦有深处”。整座王家大院充满了乐曲般的节奏美、诗文般的抒情美、国画般的意境美，给人以美的享受、美的升华。

开创中国山水画论的六朝画家宗炳在《山水画序》中提出，如果贤者能够“应会感神，神超理得”，就能真正起到“畅神”的作用，他曾感叹自己“老病俱至，名山恐难遍睹”，“凡所游履皆图之于室”，“唯当澄怀观道，卧以游之”，卧游可以使思想得到净化。宗炳最先把山水画置于人生活的卧室之内，起到了装饰教化的作用。“居移气，养移德”，优美的居住环境可以陶冶人的情操，使人心情舒畅、延年益寿。王家大院把众多经过艺术加工的吉祥图案，精细地装饰在建筑主体上，这种从“卧游”到“居游”的演进，将崇高的审美意识与至上的道德追求紧密结合起来，使人们在起居生活中形成了有节奏、有法度、有理想、有探求的行为意识。

清代著名美学家李渔在其《闲情偶寄·居室部》中提出，“尺幅窗”“无心画”和以“山水图”作窗、以“梅”作窗的审美观点，“是山也可以作画，是画也可以作窗”，“坐而视之，则窗非窗也，画也；山非屋后之山也，画上之山也”。李渔这种当窗如画、窥窗如画的艺术主张，使主人足不出户即可置身于“丹崖碧水，茂林修竹”之间，同时还可欣赏四季花卉、珍禽异兽。王家大院凝瑞居后院的窗户即是李渔美学观点的具体体现，窗户由“凤戏牡丹”“喜鹊登梅”“琴棋书画”“一品清廉”等数幅图画组成，形象生动、情趣盎然，主人

山西灵石王家大院内院

虽藏居深宅后院，仍可对窗观景、畅游六合。

在这些思想的指导下，王家大院不论是宏观还是细节都具有非同一般的灵气。而将书法、绘画巧妙地融于窗户，则是王家大院的又一独特之处。敦厚宅后院的东西六孔厢窑上，六个天窗上的六个“寿”字，六种写法，无一雷同，在“寿”字两旁，还有连续不断的“王”字。凝瑞居后院正窑的“凤戏牡丹”“喜鹊登梅”“琴棋书画”“四蝠（福）齐来”和天窗上的“福禄寿三星”等，将绘画艺术完全融入窗棂建造之中。这种粗看是窗、细看是字（画）的窗户，其艺术价值妙就妙在似与不似之间。从这一点来看，窗户对于王家大院来说，早已超越了通风、采光等实用功能，而是更注重它的精神审美意义。

王家大院的楹联匾额异彩纷呈、雅俗共赏、内涵厚重、意味深长，具有很高的艺术价值与文学价值。众多匾额装饰着每一个院落入口处的门楣和厅堂，其内容大都取自《易经》《尚书》《诗经》以及史书、子书，可以说无一

山西灵石王家大院敦厚宅

字无来历，无一事无出处。这些匾额形式多样，富于变化，质地上有砖雕、石雕、木雕，随着门框形式与材料的不同而各有所异；形状上分为碑文额、手卷额、秋叶额（贝叶额）、此君额、册页额以及册页联等，分别装在书院、花园等带有儒雅之气的门框上；字体包括真、草、隶、篆，都是因地因境而用；在色彩上也富于变化，木雕分蓝底金字、金底黑字、黑底金字，并配以相应色调的边框，绚丽多彩。

王家大院还有多个国画风格的大型石雕照壁，体现出王家人对儒雅的崇尚。陶渊明爱菊、林和靖爱梅、黄山谷爱兰、周敦颐爱莲，这都是古代文人的情趣。王家大院中还有很多地方表现了松、竹、梅岁寒三友，虽然砖石是一片青灰，但也会使人想到其“坚忍”“高洁”和“不要人夸好颜色，只留清气满乾坤”的品质。此外，王家大院还收藏了许多历史名人的珍贵字画，如刘墉的条幅，傅山的书法，文征明和唐伯虎的绘画，郑板桥、祁隽藻等名流题写的楹联匾额，以及当今仅存有两幅的《大清万年一统天下全图》（另一幅

王家大院石雕

在故宫）等。

王家大院将绘画、雕刻、书法、文学艺术融为一体，将儒家的秩序与道家的超脱天衣无缝地结合起来，成为一座可燕居、可耕读、可修身、可养性、可遐想、可赏观、可寄情、可咏叹的理想宅地、精神庄园。这种可观、可赏、可读的内涵丰富的大院文化，使观者在游览中身不由己地进入到一个扑朔迷离的艺术境界。

第五节　渠家大院　晋商博览

清代，山西祁县商人有“执金融之牛耳”和“汇通天下”之美誉，而渠氏家族是祁县商人的代表。渠家大院位于国家历史文化名城——山西祁县古城内的东大街上，始建于清乾隆年间，当年的主人在县城内建有四十余座院落，占地近三万平方米，人称“渠半城”。渠家在晋商中颇具代表性，是清代著名的商业金融资本家，其发展过程、经营之道、经商爱国、投身民族工业和热心公益事业等作为，引人瞩目。

关键词：戏台　砖雕

山西祁县渠家大院由晋商文化博物馆、晋商茶庄、晋商镖局三大部分组成，院中砖雕、木雕、石雕俯仰可见，尤其是晋商茶庄的大型青石浮雕别具特色。石雕栏杆院、五进式穿堂院、牌楼院、戏台院，堪称渠家大院四大建筑特色代表。

渠家大院建筑模型图

山西祁县渠家大院内院

一、以水为源 以木为本

祁县渠姓宗祖为渠济，原籍山西长治长子县，明代洪武初年迁居祁县，经营麻布、梨枣等小生意，积铢累寸，日有所余，至第十七代的“源”字辈上，已成晋中八大富户之一。渠氏十分重视自己的姓氏，以水为源，以木为本，遂成巨业，即是“渠”字之解。因此，在渠氏家族的名字中，多有水字寓意其中，例如渠文深、渠文浩、渠文浚、渠文泳、渠本济、渠本澄、渠本沣、渠本渊等。更有甚者，十七代孙渠源淦字清溪，姓、名、字五字处处有水。也果不其然，渠家也就在这一代人终成大势，成为影响晋中的豪门。自此，连经营的商业字号也以水称，如长源川、长顺川、长裕川、长盛川、百川通、三晋源、汇源涌等。“水到渠成，川流不息”这样一种暗寓，变成了渠家的一种心理企盼，一种事业希望。几百年来，渠家子孙带着憧憬，带着追求，在商海大潮中搏风击浪，闲庭信步，创造了一个又一个的商业奇迹，名字虽不是决定的因素，但人的信念却是事业追求的根本。

山西祁县渠家大院内院

现存渠家大院是渠氏众多房产之一，整座大院青石奠基，水磨砖墙，青砖铺地。院内建筑布局合理，明楼、统楼错落有致，主院、偏院层次分明。屋顶有悬山顶、歇山顶、硬山顶、卷棚顶多种，形式各异。院与院之间有牌楼、过厅相隔，抱厦、屏门点缀其间，生动活泼。屋内屋外的墙壁上彩绘华丽，金碧辉煌。大院中砖雕诗文随处可见，儒家文化气息浓厚。木雕、石雕、砖雕作品更是俯拾皆是，花鸟鱼虫、人物神话题材广泛，寓意祥和深远，雕法精良。甚至连每个门墩、石础都雕刻有图案，无不精雕细刻，是不可多得的建筑精品。

渠家大院砖雕栏杆

渠家大院始建于清乾隆年间，占地面积 5300 平方米，建筑面积 3200 平方米，为全国罕见的五进式穿堂院。分八个大院，内含十九个小院，房屋二百四十余间。外观为城堡式，墙头有垛口式女墙。宽敞高大的阶进式拱形大门，门顶眺阁巍峨壮观。整座大院布局错落有致：一院为汉白玉石雕栏杆，玲珑剔透，工艺精湛，鱼虫花鸟人物栩栩如生。正房檐前悬挂整块木料雕成的荷叶牌匾，为“若虚斋”，形式奇特，别具一格。右侧为五进院，庭院深深，长约百米，屏风过庭及石雕方形门、月亮门点缀其间，层次分明，有隐有现，活泼有趣。三院倒座为两层三间明楼，与五院正房明楼遥遥相对，整齐规范。东房前檐为长二十米的镂空砖雕，气势不凡。

穿过客厅院，就来到了五进式穿堂院。在中国民居建筑史上实属罕见的五进式穿堂院，全长九十九米，取“九九回春”之意。整个院落先后要经过五道门，所以又被人们称为“五进院”。罕见的“五进院”有三大特点：第一个特点是五道门不建在一条中轴线上，而是每个门都向东偏了一点，古代建房讲究门不能对门，这样可防止财源外流；第二个特点是一个院比一个院高，在这里有步步登高、平步青云的意境；第三个特点是院子一处比一处宽，古人有“先窄后宽，富贵如山”的俗语。这三个极富趣味的建筑特色，显示出渠家对美好生活的向往和追求。

渠家大院的主院为二进式牌楼院，一座十余米高的十一踩木制牌楼高耸其间，设计精巧，观之肃然，为不可多得的佳品。正方抱厦高大威严，二楼为歇山顶明楼，高约二十米。前檐走廊矗立通天明柱，上挂匾额、对联，气

山西祁县渠家大院

派大方，走廊两端为砖雕诗文。渠家大院的房顶大多是硬山顶，有句话叫“山西陕西一大怪，房顶都是半边盖”，这种房顶在当时的寓意非常明显：下雨时，雨水只会往院里流，而不会流到院外，这有肥水不流外人田的意思；另外，房顶修成半坡顶，减少了雨水对房顶的冲击力，对房屋也起到了保护作用。渠家大院的风火墙同样十分讲究。“风火墙”常见于汉族传统民居建筑中，特指高于两山墙屋面的墙垣，即山墙的墙顶部分。旧时建筑密度较大的民居有一定的火灾隐患，高高的风火墙能在相邻房屋失火时隔断火源，防止火灾扩大化，故风火墙亦称为“封火墙”。最高的一堵风火墙相当于现在的四层楼高，而且建筑讲究磨砖对缝，每块砖都要经过打磨，砖和砖之间距离都要相等。

山西祁县渠家大院戏台院

主院南面为戏台院，戏台坐南朝北、面阔五间，中间三间较大，前有突出式卷棚顶抱厦，形成近二十平方米的戏台。东西厢房门面嵌有木制隔扇，将隔扇除去，便成为包厢看台。主院西侧有一条青砖甬道，将南北四个院落一分为二。背面为两个闷房统楼院，与主院明楼院形成鲜明对比。南院为小四合院，小巧玲珑，曲径通幽。

山西是中国戏曲的发源地之一。最早的文字记载是明朝万历年间的杂剧抄本《钵中莲》，来源于晋陕地区的民歌和说唱，后演变为民间小戏，融合了古老剧种的艺术成就，逐步发展成大型戏曲。明清山西梆子戏具有雄厚的群众基础，在民间，反映商旅传奇和英雄侠义的剧目尤其受人喜爱。晋中富商出于娱乐和精神的寄托，对山西梆子戏鼎力扶持。渠家十七世孙渠源淦即为一例，他虽为名商大贾，但吹拉弹唱，无不精通。渠家大院在宅院内建有戏台，他自扮自演，票戏为乐。但他仍觉不过瘾，于清同治七年（1868）出巨资建立戏班，取名“聚梨园”，分上下两班。上班聘请当红名角，有年包银一千两白银的须生“一千红”王喜云，年包银八百两的黑头“八百黑”安会成，以及金镶玉、天明亮、一盏灯等一大批晋中名伶，另聘名鼓师宋兴儿、名琴师彭根子、锣钹场面郭三蛮等，兴师动众，夜夜欢歌。

由于渠源淦亦是内行，不满足于传统梆子的表现形式，在名角们的帮助下，对山西梆子的音乐唱腔及文武场面进行大胆的改革，使得伴奏与唱念做打浑然一体。渠源淦又去苏州订做了全套行头，选料考究，做工精细。在雄厚经济基础支持之下，三晋之中，无人能比，举省皆知祁县渠家成就了一台好戏，声名大振。为了流传有绪，聚梨园又成立下班，聘请名师，培训童伶，使渠家好戏连台，久演不衰，为山西梆子的发展起了不可磨灭的作用。聚梨园是山西梆子的第一个“字号班”，以后凡是有山西商人聚集的地方，都有山西梆子戏班的足迹。袅袅的乡音，慰藉了山西商人的思乡之情，以至于后来的地方戏曲如京梆子（北京）、卫梆子（天津）、河北梆子等无不印有山西梆子的痕迹。渠家一个人的兴趣所致，又有万贯家财的鼎力支持，竟成就了一个剧种的发展，这在晋商发展的历史长河中，是一朵奇异的浪花。

以渠家大院为依托创办的晋商文化博物馆于 1996 年正式对外开放，馆中陈列内容分为晋商纵览、著名票号、巨商大贾、爱国义举、商界盛事、渠氏家族、晋剧渊源七大系列，共分二十八个展室，陈列面积近 5000 平方米，比较集中地展现了晋商文化研究成果，全面反映了晋商称雄商界五百年的历史过程，艺术地再现了渠家子孙的商业活动足迹。

长裕川茶庄是渠家在祁县城内另一处主要建筑，位于段家巷北口，坐东朝西，拱形大门宽四米、高六米，一条宽敞的青砖甬道将大院一分为二。南院是为茶庄培养专业人才的学院，对面则是茶庄掌柜们办公的地方。甬道尽头为一座出檐阁楼，遥相呼应，气势非凡，尽显大家风度。南院大门有一座宽十米、高十五米的大型青石浮雕，上立巨鼎，中为财神，左右伏猛虎。浮雕，圆雕，镂空雕，雕法繁复；山水，瑞兽，楹联匾额，寓意吉祥。只此一屏石雕，又在山西民居中占尽魁首。长裕川茶庄整座建筑占地两千余平方米，房屋六十六

山西祁县长裕川茶庄雕饰繁复，中西合璧

间，建筑形式在经营型铺面房中颇为奇特。

当年，长裕川茶庄的生意遍布全国，还逐渐扩大到蒙古、俄罗斯乃至阿拉伯地区和欧洲。正因为生意做得大、做得远，渠家主人博闻强识，才造就了与众不同的门楼雕刻，既兼顾了中国传统的吉祥图案和典故传说，又融合了西洋建筑风格。四方的门柱、高高在上的雄狮、院内支撑窗台的石雕吉祥鸟，都带着渠家主人见多识广的暗自夸耀。而大禹神兽、罗汉菩萨、琴棋书画、鹿鹤松柏、施衣舍饭等图案，又丝丝缕缕透露出渠家主人儒雅的传统文化气息。

长裕川茶庄的南院为学院，窗台上浅浅地雕刻着《朱子家训》，这表明在长裕川学习茶叶经营管理只是其中的一部分，更重要的是学做人。事实上，长裕川茶庄录用人才的标准近乎苛刻，即使一个小伙计，除了五官端正、能写会算等基本要求外，还要“家世清白，需得力人士担保举荐，试用期三年”。开在外地的分号，除了门房、接待、送信等用当地人外，其余店员皆由祁县输送。这样严格的用人制度，保证了晋商特有的信义，使得茶庄的生意遍布世界各地，而长裕川的砖茶在当时的俄国、蒙古甚至可以作为货币流通。

二、砖雕艺术 独树一帜

渠家的居住环境是值得称道的，而其砖雕尤为令人叹赏：工艺精湛、内容精彩、分布密集。不管人们在哪个角落，都能欣赏到精美的砖雕装饰，这些砖雕大多采用了浮雕、透雕、圆雕、线雕等手法。

渠家大院门楼罩多为砖石浮雕或浅圆雕，显得雅拙朴素。门楼砖雕多用透雕，以浮雕为多，具体做法是在不到一寸厚的砖坯土上，采用由近及远的手法将砖雕分成许多的层次，精雕细琢，凹凸浮镂，极具立体效果。题材多为人物亭台，整体风格显得繁复细腻，精致高雅，玲珑剔透，光影渗透，达到绚丽的装饰效果与内外空间交融的意趣。就地随刀雕压出花纹的是线雕，它主要依靠线条的造型组合来塑造形象。为了取得更好的艺术效果，常结合其他的雕作形式。刀势的深浅与动向，斧凿的切削和琢镂，每一道工序都堪称精湛无加，都透出积累日久的高深造诣，都可见艺人们独到的匠心和智慧。从枝繁叶茂到人物如生，从纤毫历历到奔放豪迈，称“鬼斧神工”当不为过。

在渠家大院中，以吉祥的砖雕图案为主的部分主要集中于照壁。渠家大院的照壁坐落在五进院的左侧，题材为“鹿鹤同松”。采用了正方形为主的构图形式，用高浮雕工艺来装饰图案，形象生动逼真，虽位于大门两侧，但精美的砖雕依然给人以强烈的视觉冲击。鹿鹤同松照壁，人们取鹿的谐音为“禄”，体现出美好和吉祥的寓意，鹿也就成为砖雕装饰的主角。装饰动物中还有鹤，鹤除了有长寿寓意外，其亭亭玉立的造型也受到了人们的欢迎，于

渠家大院雕刻

山西祁县渠家大院内的砖雕

是装饰中常常会出现它的形象。再把鹤与表现长寿的松相连，史符合人们祈盼长生不老的愿望，鹿鹤同松反映了人们对福禄长寿的向往。

对神灵的膜拜也体现在渠家大院的砖雕中。在渠家大院二进门的墙面上就有“八仙”为题材的砖雕，便是神灵膜拜文化的体现。该砖雕整体为长方形构图，在镂空的砖雕中刻画了八仙各自所持器物。八仙的故事在民间流传很广，他们的神力被渲染得无所不能、无所不至，广大民众也想借助八仙为自己的宅院带来吉祥和安康。“八仙”分为明、暗两种表达方式。明者，就是一一刻画八仙人物的造型；暗者，又被称为道家八宝，刻画的是八仙各自所持的器物，从而隐喻八位神仙。另外，渠家还将八仙所执宝葫芦、铁拐杖之类的神器嵌入长栏、门饰等部位，祈求八位仙人保佑。有了这些题材的雕刻，使得生冷坚硬的灰砖墙也变得生动活泼了。

渠家大院中，在正房的门头上还有这么一组砖雕，一张荷叶当中包着一把古琴，在左右两边还各雕刻着一棵白菜，其含义就是希望子孙读书做官要做“一清二白”的清官。在渠家大院中建有一个藏书阁，在藏书阁的雕梁画栋之上刻有文房四宝，具有浓浓的儒雅之风。作为晋商来说，读书的第一目的并不是步入仕途，而是要做一个合格的商人；之后，才是求功名、做清官。可见中华民族传统的崇文观念，在晋商身上还是有所体现的。渠家大院在建筑装饰中当然也体现了这样的情结。在正房院尚存十一踩（即十一层）木制牌楼，从上面突出的层层斗拱就能看出渠家在朝为官是几品了。最低官位为七品，从下往上数，从第七层开始数到最上一层，也就是离龙头最近的一层为三层,可以看出渠家曾有人做官到三品。虽然这些雕刻并非砖雕,而是石雕、木雕，但也可以反映出主人对读书、做官的推崇。

渠家长裕川茶庄南院门面上装饰的全副青石浮雕，顶座巨鼎，中置赵公明，琴棋书画、侍书童子、锦鸡牡丹、楹联诗句、伦理寓言等内容一应俱全，既多姿多彩，又耐人寻味，是晋商大院中独一无二的石雕杰作。

渠家虽然以经商为主，但是儒家思想对其影响深刻，他们十分重视读书，重视儒家礼教的思想教育。儒家善于借物喻志，尤其善于在一山一水、一草一木中注入“仁”“义”“礼”等思想观念，以具有某些人格特征的自然物来比附、象征人的伦理情操。在渠家大院二层绣楼的墙壁上，有象征君子品质的“梅”“兰”“竹”“菊”的砖雕，其布局是栏杆分段，一共有四个部分。四个砖雕柱上各雕“梅”“兰”“竹”“菊”的花纹，梅傲立严寒的品质，兰香味清新、不求闻达的品质，竹的高洁，菊的坚韧，都象征了君子品质。

总之，渠家大院的砖雕无论是寓意深刻的匾额楹联，还是栩栩如生的人物故事，都在诉说着中国千年的文化，传达出晋商特有的民俗风情及主人美好的期望。大院砖雕虽经数百年的风雨，仍然栩栩如生，表现出极为旺盛的艺术生命力。渠家大院砖雕精湛的工艺手法,内容丰富的题材,传统民俗与儒、佛、道文化相结合的设计理念，对我们今天的艺术设计也极具启示意义。

第六节　乔家大院　民俗瑰宝

随着电影《大红灯笼高高挂》和电视剧《乔家大院》的热播，乔家大院被全国人民所熟悉，成为晋商大院中最著名的一座。乔家大院位于山西省祁县乔家堡村，北距太原市54公里，它是清代赫赫有名的商业金融资本家乔致庸的宅院，原名“在中堂”。乔家大院始建于清代乾隆年间，在同治、光绪年间曾有两次增修，于民国初年建成一座宏伟的建筑群，集中体现了我国清代北方民居的独特风格。

关键词：山西民俗　古风

一、古雅之风　雄浑之美

乔家大院位于山西祁县乔家堡村正中。这是一座雄伟壮观的建筑群体，从高空俯视院落布局，很像一个象征大吉大利的“囍”字。整个大院占地8724平方米，建筑面积3870平方米。分六个大院，内套二十个小院，三百一十三间房屋。大院形如城堡，三面临街，四周全是封闭式砖墙，墙高三丈有余，上边有掩身女儿墙和瞭望探口，既安全牢固，又显得威严气派。

山西祁县乔家大院俯瞰

山西祁县乔家大院内院

其设计之精巧，工艺之精细，充分体现了我国清代民居建筑的独特风格，具有相当高的观赏、科研和历史价值，确实是一座无与伦比的艺术宝库，被专家学者恰如其分地赞美为“北方民居建筑的一颗明珠”。难怪有人参观后感慨地说：“皇家有故宫，民宅看乔家。”

进入乔家院大门，即是一条长八十米的笔直石铺甬道，把六个大院分为南北两排，甬道两侧靠墙有护坡。西尽头处是乔家祠堂，与大门遥相对应。大院有主楼四座，门楼、更楼、眺阁六座。各院房顶上有走道相通，用于巡更护院。综观全院，从外面看，威严高大，整齐端庄；进院里看，富丽堂皇，井然有序，显示了我国北方封建大家庭的居住格调。整个大院，布局严谨，建筑考究，规范而有变化，不但有整体美感，而且在局部建筑上各有特色，即使是房顶上的一百四十余个烟囱也都各有特色。全院亭台楼阁，雕梁画栋，堆金沥粉，显示了我国古代劳动人民高超的建筑艺术水平，确实是不可多得的建筑艺术珍品。

乔家大院始建于清乾隆二十年（1756），以后有两次扩建，一次增修。第一次扩建约在清同治年间，由乔致庸主持；第二次扩建为光绪中、晚期，由乔景仪、乔景俨经手。最后一次增修是在民国十年（1921）后，由乔映霞、乔映奎分别完成。从始建到最后建成现在的格局，中间经过近两个世纪。虽然时间跨度很大，但后来的扩建和增修都能按原先的构思进行，使整个大院风格一致，浑然一体。

乔家大院依照传统的叫法，北面三个大院，从东往西依次为老院、西北院、书房院；南面三个大院，依次为东南院、西南院、新院。南北六个大院的称谓，表现了乔家大院各个院落的建筑顺序。

清乾隆年间，现乔家大院坐落的地方，一部分正好是乔家堡村的大街与小巷交叉的十字口。乔全美和他的两个兄长分家后，买下了十字口东北角的几处宅地，起建楼房。主楼为硬山顶砖瓦房，砖木结构，有窗棂而无门户，在室内筑楼梯上楼。特点是墙壁厚，窗户小，坚实牢固，为里五外三院。主楼的东面是原先的宅院，也进行了翻修，作为偏院。还把偏院中的二进门改

山西祁县乔家大院内

建为书塾。这是乔家大院最早的院落，也就是老院。传说偏院外原来有个五道祠，祠前有两株槐树，长得奇离古怪，人们称为“神树”。乔家取得这块地皮的使用权后，原打算移庙不移树，后来乔全美在夜间做了一个梦，梦见金甲神告他说：“树移活，祠移富，若要两相宜，祠树一齐移。往东四五步,便是树活处。如果移祠不移树，树死人不富……”没有多久，此树便奄奄一息。乔全美恐怕得罪了神灵，便照梦中指示的地方，把树移了过去。树真的复活了，而且枝叶繁茂如初。这好像是“真神显灵”，于是又在侧院前修了个五道祠，直至今天依然存在。同时主院与侧院间有一大型砖雕土地祠，雕有石山及口衔灵芝的鹿等。土地祠额有四个砖雕狮子和一柄如意，寓意“四时如意”。祠壁上还有梧桐和松树，六对鹿双双合在一起，寓意“六合通顺”。

乔致庸

乔致庸当家后，为光大门庭，继续大兴土木。他在老院西侧隔小巷置买了一大片宅地，又盖了一座楼房院，也是里五外三，形成两楼对峙。主楼为悬山顶露明柱结构，通天棂门，门楼的卡口是南极仙翁骑鹿和百子图木雕，上有阳台走廊。上得走廊，前沿有砖雕扶栏，正中为葡萄百子图，往东是奎龙和喜鹊登梅；西面为鹭鸶戏莲花和麻雀戏菊花，最上面为木雕，刻有夔龙博古图。站在阳台上可观全院。由于两楼院隔小巷并列，且南北楼翘起，故叫作“双元宝”式。

明楼竣工后，乔致庸又在与两楼隔街相望的地方修建了两个横五竖五的四合斗院，使四

山西祁县乔家大院内景

座院落正好位于街巷交叉的四角，奠定了后来连成一体的格局。清光绪中晚期，地方治安不好，乔景仪、乔景俨为了保护全家的安危，费了不少周折，花了很多银两，买下了当时街巷的占用权。乔家取得占用权后，把巷口堵了，小巷建成西北院和西南院的侧院；东面堵了街口，修建了大门；西面建了祠堂；北面两楼院外又扩建成两个外跨院，新建两个庑廊大门。跨院间有栅栏通过，并以拱形大门顶为过桥，把南北院互相连接起来，形成城堡式的建筑群。

民国初年，乔家人口增多，住房不够，于是又购买地皮，向西扩展延伸。民国十年（1921）后，乔映霞、乔映奎又在紧靠西南院建起新院，格局和东南院相似，但窗户全部装上大格玻璃，采用西洋式装饰，采光效果也很好，显然在式样上有了改观，即便是院内的迎门掩壁，雕刻也十分细致。与此同时，西北院也由乔映霞设计改建，把和老院相通的外院之敞廊堵塞，连同原来的灶房，改建为客厅。还在客厅旁建了浴室，修了“洋茅厕”，增添了异国风情。

靠西北院，原来有一小院，为乔家的家塾，因此把此院叫作书房院。分家后，乔氏子孙乔健打算建内花园，从太谷县一个破落大户人家买回了全套假山。正待兴建时，七七事变爆发，日军侵华，工程停止。日军侵占时期，全家外逃，剩下空院一处，只留部分家丁看护。

乔家大院正门上方的“古风”

乔家大院大门坐西向东，为拱形门洞，上有高大的顶楼，顶楼正中悬挂着山西巡抚受慈禧太后面谕而赠送的匾额，上书“福种琅环”四个大字。黑漆大门上装有一对椒图兽衔大铜环，并镶嵌着铜底板对联一副：“子孙贤，族将大；兄弟睦，家之肥。”字里行间透露着乔家在中堂主人的希冀和追求。也许正是遵循这样的治家之道，乔家在中堂经过连续几代人的努力，达到了后来人丁兴旺、家资万贯的辉煌。

乔家大院大门顶端正中嵌青石一块，上书“古风”。雄健的笔力同这两个字所代表的承接古代质朴生活作风的本意，相得益彰，耐人寻味。大门对面

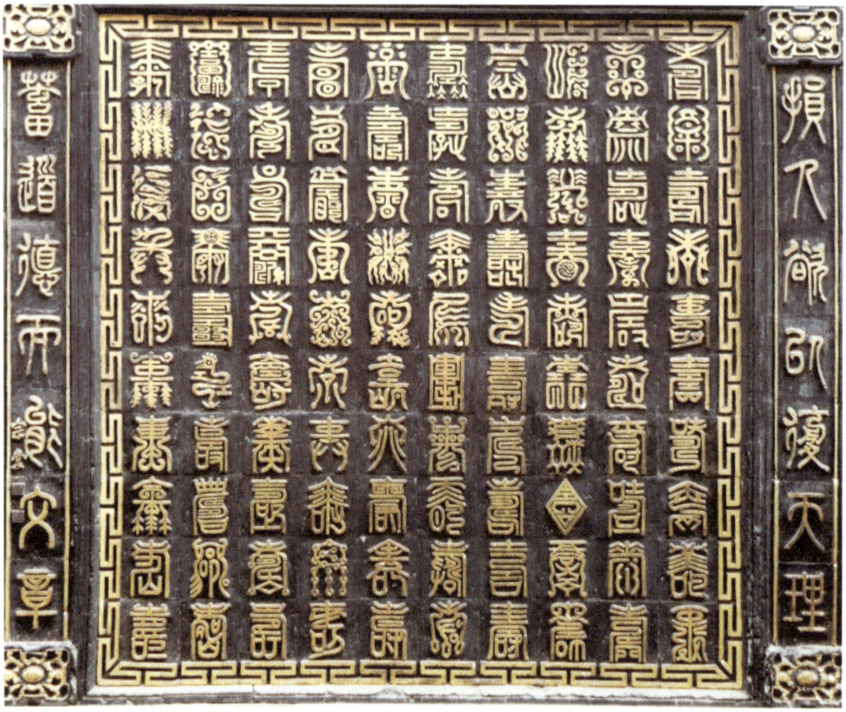
山西祁县乔家大院砖雕“百寿图”

的掩壁上，刻有砖雕“百寿图”，一字一个样，字字有风采。百寿图为在中堂主人乔致庸的孙女婿、近代著名学者、篆书家常赞春书写。掩壁两旁是清朝大臣左宗棠题赠的一副意味深长的篆体楹联：“损人欲以复天理，蓄道德而能文章。”楹额是“履和”，这同作为巨商大贾的乔家所秉承的“和为贵”的中庸之道是相宜的。

进入大门，走完那长长的甬道，西尽头处是乔氏祠堂，与大门遥相对应。祠堂建筑十分讲究，三级台阶，庙宇结构，以狮子头柱，汉白玉石雕，寿字扶栏，通天棂门木雕夹扇。出檐以四支柱子承顶，两明两暗。柱头有玉树交荣、兰馨桂馥、藤罗绕松的镂空木雕，装饰精彩，富丽堂皇。额头有匾，上书“仁周义溥”四字，是李鸿章所题。祠堂里原陈列着木刻精雕的三层乔家祖先牌位。

甬道把六个大院分为南北两排，北面三个大院均为开间，便于车、轿出入。大门外侧有拴马柱和上马石。从东往西，一院、二院为三进五联环套院，是祁县一带典型的里五外三穿心楼院，里外由穿心过厅相连。里院北面为主房，二层楼，和外院门道楼相对应，宏伟壮观。从进正院门到上面正房，需连登三次台阶，它不但有“连升三级”和“平步青云”的吉祥之意，也是建筑层次结构的科学安排。

南面三院为二进双通四合斗院，硬山顶阶进式门楼，西跨为正，东跨为偏。中间和其他两院略有不同，正面为主院，主厅风道处有一旁门和侧院相通。整个一排南院，正院为族人所住，偏院为花庭和佣人宿舍。南院每个主院的房顶上盖有更楼，并配置有相应的更道，把整个大院连了起来。

乔家大院结构非常复杂而典型，是集北方民居建筑精华之大成的艺术精品。在院落的形式上，有四合院、穿心院、偏正套院、过庭院等，但从整体布局看，却呈现杂而不乱、严谨整齐的特点。从空中看，东北院、西北院、东南院、西南院整体呈现出“囍”字布局。乔家大院的整体布局以及每个院落的空间布局，都以中轴线贯穿。主要建筑都位于中轴线上，主楼都位于中轴线的顶端，以其中心地位和雄伟的气势，显示出晋商雄霸天下的气势。

乔家大院的这种建筑模式与古老的“天圆地方”观念密切相关。在古人看来，宇宙天地是“天似穹庐，笼盖四野”，天像穹庐一样是个圆形，地则有中央四方之分。“天圆地方”观念与传统的阴阳学说息息相关。“阴阳”二字中，阴代表地、女、坤、水、下、弱、方、阴、夜、柔、静等，阳代表天、男、乾、火、上、强、圆、阳、刚、健等。天属阳，地属阴；天性刚，地性柔；天为方，地为圆；天是“天行健，君子以自强不息”，周而复始，地是“地势坤，君子以厚德载物”，静敛万物。乔家大院以均衡对称、方正中和的布局，体现出乔家主人厚德载物、自强不息的浩然之气。

乔家大院的整体造型装饰与建筑的构件、部件完美融合、彼此共生。乔家大院的整个装饰形态都源于建筑的结构、构造和造型的需要，既来自建筑

山西祁县乔家大院木雕门楼

山西祁县乔家大院内的“知足阁”

构成对象，又同时成为装饰的对象和载体。乔家大院的装饰艺术是出于实际的需要，并没有哗众取宠之感。第一，乔家大院的装饰艺术可以弥补建筑结构、造型上的一些缺陷。例如，屋面分界处的屋脊以封盖两坡面间的缝隙为基本点，假借砖雕、泥塑、陶塑或瓦件砖片，组合构成多样的屋脊造型。第二，乔家大院的装饰艺术是为了优化建筑结构和造型。例如，木柱是为了承载屋顶的重量，在木柱的下方是用石头建成的柱础，柱础的体形与上面的木柱相比较大，柱础是为了把木柱承载的重量均匀地传播到地面上；同时，石头具有防腐的功效，可以避免地面的潮气对木柱的腐蚀。第三，乔家大院的装饰艺术可以美化建筑的结构、造型和形态。比如，乔家大院的彩绘可以防止木梁腐朽，同时又能美化环境，在木梁上画出山水人物、动物、植物，可以增加立体感、透视感，呈现出华丽而又古风古韵的意境。

乔家大院建筑装饰的重点在建筑物特殊部位，如视线容易集中的地方，

山西祁县乔家大院“会芳”牌匾

两个面的过渡区域，以及洞口、端头等需要遮掩的地方。视线集中地也就是所谓的视觉中心，为使人的视线有所着落，就成为艺术创作的重点，匠人们往往精雕细刻，精益求精。同时，乔家大院的装饰布局呈发散式，发散的力度较平缓，节奏是循序渐进的，装饰氛围很均匀。整个乔家大院的装饰突出重点，但没有忽视细节，这样的装饰布局使人随处可见装饰，但不会感觉被“密不透风”的装饰所簇拥。让欣赏者在这古朴的屋宇中随处可见古风古韵，感受片瓦有情。

在乔家大院里，我们随处可以感觉到那阵阵的书卷气息，探寻晋商的精神境界。在乔家大院中最能体现晋商人文精神的莫过于匾额楹联艺术，乔家大院用石刻、木刻、砖刻的方式把著名书法家的书法做成匾额楹联，挂在重要位置，以彰显晋商的士儒修养。匾额楹联作为中国传统的重要陈设装饰手法，和室内家居、祖宗牌位以及门罩，共同营造出一种礼教文化的家族氛围。乔家大院的匾额楹联数量众多，几乎是逢门必有匾额，逢院必有楹联。当徒步走在“古风”“静观”“会芳”“书种亭”“芝兰第”等匾额装点的书院时，就会感受到一阵阵书香气息徐徐吹过。再观那匾额楹联上的书法，或严格规整，或飘洒狂舞，顿感自己也被这书香气息浸染了。

有什么样的人格修养就会有什么样的作品。乔家大院的主人把

山西祁县乔家大院木雕门框

他们的文化追求浓缩在这些匾额楹联上，而这些匾额楹联似乎就成为那些雕刻作品的题字。琴棋书画的雕刻作品与“会芳”匾额互为呼应，意味着乔家大院是一个汇聚贤才的地方。莲花的雕刻作品与“芝兰第”匾额境界相同，都象征着乔家大院是道德高尚、环境优雅的府第。乔家大院匾额楹联在具有重要装饰意义的同时，也透露出厚重、幽远的意境。

乔家虽为商业世家，但十分尊崇儒家文化，以儒家文化为从商、修身的标准。从乔家大院的装饰艺术中，我们随处可见儒家文化中忠孝的礼制文化，忠君报国、修身养性、齐家治国平天下，以及以天下为己任等思想。乔家虽经商，但不排斥读书，而且教育自己的子弟读书和经商同等重要。“五岳圭棱河气势，六经根底史波澜”，意为五岳的突兀险峻就像气势宏伟的大河一样川流不息，六经的深厚博大如同源远流长的江水一样波澜壮阔。“空山无以慰幽独，先生有道出羲皇”，意为山中万籁俱寂，除了读书没有什么可以慰藉孤独的心情，有才德的先贤首推羲皇上人。“读书好经商亦好学好便好，创业难守成尤难知难不难”，是说读书是一件好事，经商也是一件好事，往好的路上走就好；创立家业的确难，但守住家业更难，只要懂得家业来之不易，那么守住家业就不难了。乔家十分推崇孔子，认为孔子是最具美德和学问的人。李毅人的书法“近圣人之居美富可瞻愿多士升堂入室，从大夫之后典型在望仰前贤举善称仇”，意思是接近孔子的居所，可以瞻仰他的美德和博学；遵从祁奚为榜样，可以学他的为官之道，敬仰其以国事为重、举贤任能的做法。

同时乔家十分重视个人的修养，认为要加强修养，就要向古人学习。何绍基书写的楹联“行事莫将天理错，立身宜与古人争”，意为立身行事不能违背道德准则，应该与贤德的古人相比。“厥德惟修”，只有不断地提升自身的修养，才能具备高尚的品德。在为人处事上，乔家主张中庸之道，“履和”，履中蹈和，意在中庸。左宗棠赠乔家的楹联“损人欲以复天理，蓄道德而能文章”，是以贤良和睦、积德行道名垂青史。在日常生活中，乔家十分提倡节俭，“慎俭德”意为行事谨慎，生活勤俭是家族的美德。乔家十分关注国事，乐于救济百姓，具有齐家治国的目标。乔致庸自己书写的楹联“具大神通皆济世，是真法力总回春”，是说有了一定的能力就能匡扶世道，救济百姓；具备了真正的本领就能转危为安，化腐朽为神奇。

乔家不仅受到儒家入世思想的影响，同时追求道家宁静、淡泊、清雅的人生意境，这体现在乔家对人生哲理的思考和对优雅的自然环境的观照。匾额“省分箴”是说自然界的一切事物都是出于自然，并且各自有其本质属性和发展规律，要知足，不要贪得无厌，这样才能福禄常伴、长盛不衰，有好的结局和归宿。“静观”是以恬静超然的心态看待事物和审视内心。“威风祥麟瞻气象，浑金璞玉具精神”的楹联，是说圣人具有威风祥麟般轩昂的气度，浑金璞玉般高贵的品质。“怡达斋”是心情愉悦，胸怀豁达的意思。楹联“湛露醴泉是生芝草，桐花竹宝可引凤凰”，意为有甘露和甜美泉水的地方可以生长出奇异的灵草，有梧桐和翠竹汇聚的地方会招来众多的凤凰栖居。“红云白树满琉帘，细草幽泉荫修门”，是说红云白树交相映衬像一幕琉帘，细草幽泉被秀竹掩映，展示了一处如诗如画、幽雅静谧的美好景致。

二、山西民俗 尽在其中

乔家大院现已被开辟为“民俗博物馆”。利用晋商大院搞民俗陈列展览，让人们了解明清时期山西乃至中国北方的民俗文化风情，实在是明智之举。乔家大院中有一处书房院，设在其内的是“民俗陈列”和反映“商俗”的展品。偏院的门上写着“商俗”二字，这就是有名的“明清一条街”，街上有衙门、杂货店、茶店、珍宝行等店铺，呈现出一片繁荣景象，也反映了明末清初祁县商城的面貌，非常形象和逼真。紧随其后的另外几个展室分别是“行商”“度量衡”“货币票证”“坐商”。“行商”这个展室展出的是清末民初行商使用的部分“唤头”，通俗地讲就是现在的行业标志。在“坐商”展室里有各种不同的商业幌子，字号牌匾是坐商招徕顾客行之有效的一种形式，具有地方商俗特色，如当铺门口挂一招牌，上面写着“当”字；鞋铺门口挂一双鞋，酒店门口挂一酒坛；非常醒目。

乔家大院中有一处展室的陈列内容丰富而有趣，主要反映的是礼仪习俗，

山西祁县乔家大院内院

山西祁县乔家大院中的乔氏祠堂

包括生日满月、婚丧习俗、祝寿礼仪等。其中以婚事习俗更为详尽，从相亲、定亲到出嫁、迎亲、拜堂、入洞房的全过程应有尽有。生日是一个人诞辰之日，过生日的传统习俗由来已久，在晋中一带孩童过十二岁生日叫“开锁”，意为开心，脱去愚顽，以示成人。乔家大院民俗展示中，有各种小花帽、小花鞋、衣服等开锁时穿的衣服。这个展室还模拟了一个当时的洞房向游人展示，炕的四周放着萝卜，还有马鞍等，可以想象当时的热闹景象，陈列高雅大方、整齐干净，反映了主人洁身自好、静雅贤淑的追求。正中是花堂，两侧停放着花轿，正中是夫妻对拜的场面，顶上挂着红灯笼，喜气洋洋。此外，还有一个展室的主题是“嫁女”，陈列着女子出嫁时的明杠、穿戴及陪嫁品。迎娶之日，礼节繁琐，主家专门设了礼房，请总管代表主人接收宾客的礼品，安排迎亲，主持拜堂、入洞房等仪式。院内还有两个展室，反映小孩满月的情况以及老人过寿的情景。

乔家大院的民间工艺展中，陈列的有刺绣、剪纸、泥塑、面塑、砖雕、木雕、石雕等明清时期晋中一带常见的民俗工艺品。

此外，乔家南北六个大院院内，砖雕、木刻、彩绘，到处可见。从门的结构看，有硬山单檐砖砌门楼、半出檐门、石雕侧跨门、一斗三升十一踩双翘仪门等。窗子的格式有仿明酸枝棂丹窗、通天夹扇菱花窗、栅条窗、雕花窗、双启型窗和悬启型窗及大格窗等，各式各样，变化无穷。再从房顶上看，有歇山顶、硬山顶、悬山顶、卷棚顶、平房顶等，每地每处都是别有洞天，细细看来，着实让人赏心悦目，回味无穷。乔家大院内木雕艺术品个个都有其民俗寓意，每个院的正门上都雕有各种不同的人物。如一院正门为滚檩门楼，有垂柱麻叶，垂柱上月梁斗子、十三个头的旱斗子，当中有柱斗子、角斗子、混斗子，还有九只乌鸦，可称一等的好工艺。二进门和一门一样，为菊花卡口，窗上有旱纹，中间为

草龙旋板。三门的木雕卡口为葡萄百子图。二院正门木雕有八骏马及福禄寿三星图，又叫三星高照图。二院二进门木雕有花博古和财神喜神。花博古是杂画的一种，北宋大观年间宋徽宗命人编绘宣和殿所藏古物，定为“博古图”。如“博古图”加上花卉、果品作为点缀而完成画幅的叫“花博古”。正房门楼为南极仙翁骑鹿和百子图。其他木雕图案还有天官赐福、日升月恒、麒麟送子、招财进宝、福禄寿三星及和合二仙等。此外，柱头上的木雕也是多种多样，如八骏、松竹、葡萄，表示多子多福、挺拔、健壮；芙蓉、桂花、万年青，表示万年富贵。过厅的木夹扇上刻有大型浮雕四季花卉、八仙献寿，即传统装饰纹之一。

砖雕工艺更是到处可见，题材非常广泛，有壁雕、脊雕、屏雕、扶栏雕。如一院大门上雕有四个狮子，即四狮（时）吐云。马头上雕有“和合二仙”图，抬着金银财宝。掩壁上为“龟背翰锦”，是传统的装饰纹样，为六边形骨架组成的连续几何图形。进了一院大门，对面有一大型砖雕土地祠，雕有松树、桐树和蹲于太湖石山上的九鹿，喻示九路通顺。立柱上雕有四个狮子滚绣球。一院偏院南房墙上有五个扶栏雕，中间为葡萄百子图，表示蔓长多子和富贵不断，其余四个格子为“博古图”。一院正院马头上雕有四季花卉，二进院马头上为四果及“暗八仙”。二院正房前面走廊的扶栏雕，从东往西数，一是喜鹊登梅，二是蛟龙腾空，三是葡萄百

子，四是鹭鸶戏莲，五是麻雀戏菊。东偏院过门雕有四季花卉、四果，加琴棋书画，亦取吉祥之意。三院大长廊，马头正面雕麒麟送子，侧面装饰有松竹梅兰图案。四院门楼中为香炉，侧装饰有琴棋书画图案。院内“梯云筛月”亭有四狮（时）如意、梅根龙头、四季花卉、花开富贵图案。并有掩壁，赵铁山书写题字。右边为暗八仙，狮子滚绣球，表示平安如意。还有凤凰戏牡、鹿鹤同春。左边为双鱼、戟磬，属吉祥如意图，是传统的装饰纹样之一。五院门楼马头为麒麟送子，院内四个马头为鹿鹤桐松。南正房门楼为菊花百子，中为文武七星，回文乞巧，又叫“七夕乞巧图”。六院东院进门两侧为喜鹊登梅，背面为青竹和“福禄寿”三字。四个马头为暗八仙。正房扶栏中为葡萄，东为莲花，西为牡丹。前院内有“福德祠”，八宝图上有两个活灵活现的狮子和寓意吉庆有余的图案。

整个大院所有房间的屋檐下部都有真金彩绘，内容以人物故事为主，除“窦燕山教子”“麻姑献寿”“满床笏”“渔樵耕读”外，还有花草虫鸟，以及铁道、火车、车站、钟表等多种多样图案。这些图案，堆金沥粉的绘画各有特色，所用金箔纯度很高，虽经长期风吹日晒，至今仍是光彩熠熠。沥粉工艺十分细致，须一层干后再上一层，这样层层堆制，直到把一件饰物逼真的浮雕制成为止，最后涂金。涂金是用清油贴上去的，因其太薄，必须挑选晴朗无雨无风的天气进行操作，可见完成一件图案作品是相当费劲、费时的了。其他还有线条勾金、敷底上色，都是天然石色，因此，可保持经久不褪，色泽鲜艳。

乔家大院中的石雕工艺品虽比较少见，却是十分精细。现有几对石狮，石狮形态各异，憨态

可掬。有的石狮为踱步前行状，刀纹如新，锋芒犹在，表现得机警、威武、活跃。其顾盼自豪的头部，提起全身的神气，表现狮子的雄壮、英武而不失真，给人以健康、活跃，富有生命力的感觉。还有阴纹线刻，如五院门墩石狮底座为“金狮白象”，中为“马上封猴（侯）”“燕山教子”“辈辈封侯”。南房柱石底垫为“渔樵耕读”“麻姑献寿”等。六院门墩石狮石础上有“出将入相”“神荼郁垒”“得胜返朝”等线刻，图像清晰，故事引人，线条流畅，形象逼真。

启示

山西商人曾因为明政府效力、获得运盐特权而起家，在明清时期叱咤风云、威震四海，遍布大江南北的山西会馆和曾经维系全国经济命脉的山西票号，都是晋商强大实力的最好证明。晋商的辉煌延续了明清两代，最终在不可遏止的现代工商业的强大冲击下衰落了。

如今，山西人在一个崭新的时代重新梳理自己的历史，其中，晋商大院的研究与开发就是山西人在梳理自身过程中的产物。人们常常把这一座座富丽堂皇的大院看作是遗产保护的成果，但遗产保护还仅是山西崛起过程中的副产品。如果我们仔细阅读这些大院，就不难看出山西人是要借助大院来激励自己、昭示世人。

晋商大院建筑规整

晋商大院中砖雕艺术随处可见

飞扬的黄土给山西大地蒙上了厚厚的尘埃，而在这尘埃下，掩埋的是山西人的固有的韧性和毅力，涌动的是山西人固有的胆略和智慧。山西人的这些特点都可在晋商大院的诸多细节中窥见一斑。

晋商大院的总体特征是宏大的规模和严谨的布局装饰并存。严谨的建筑体制源于山西人所崇尚的传统观念，以及在这种观念支配下的严谨作风。如果说在中国改革开放三十多年中，珠三角、长三角经济圈代表了开放观念的话，那么山西人所守望的则一直是中国的传统。这种传统集中体现在山西人对于自然、社会和人生的基本态度上。

山西人具有传统的社会观，尊重传统的社会体制，所有在中国积淀的传统元素，山西人都会诚心而坚定地呵守。山西人的特点就是如此，以最朴素的方式对待社会。我们从一座座晋商大院的基本格局以及标示其基本追求的关于福、禄、寿、财四神的雕饰中不难看出，王家大院是以“王”字布局，讲究天时、地利、人和；乔家大院以双“喜”字布局，标示对于幸福的追求；曹家的三多堂则以多子、多福、多寿的观念以“寿”字形布局，暗寓生命永恒的思想。山西人就是要追求福气、追求高官厚禄、追求长生不老、追求财源广进。因此，推开晋商大院的大门，雕饰精致、迎面而来的座座影壁往往都与这种观念有关，门楼、窗格、屋檐的雕饰图案也主要围绕这四点展开。山西人需要瞄准这四点为自己的生命而祈祷，也甘愿在这四个方面体现自身的人生价值。

山西人顺应自然，对于天地万物也表现出格外的崇拜。在晋商大院中，这种崇拜观念被制度化地镶嵌在建筑上。无论哪家大院，主房的墙面上都显赫地构筑着天地神龛。这是山西民居建筑的显著特点。逢年过节，婚丧嫁娶，山西人都会拜一拜天地。走进普通百姓家，大都会看到天地神龛中冒出的缕缕香烟。其实山西人顺应自然的心态不仅体现在对天地的崇拜，但凡与人的生计相关的自然神灵，山西人都会叩拜。这反映出山西人在自然面前的虔诚姿态。这种姿态让山西人“面朝黄土背朝天”地匍匐在三晋大地，因此而穷，因此而富，山西人都无怨无悔。

山西人好财，但生财有道。对于山西人而言，生财之道无非是“仁义礼智信”，这也正是中国传统价值观的核心。仁者爱人，仁为商之本，商为仁之用；义者正也，避奸除恶，商之坦途；礼者理也，以理服人，行遍天下；智者知也，知识货理、明白货用、通晓货道，商之大略；信者诚也，一是一，二是二，不欺瞒，守契约。晋商不仅在商业活动中恪守这些信条，而且贯穿于日常言行中，养成一种习惯，故可拥天下之财。

山西人尚德，常家庄园门楼的匾额直书“日新其德”，正是对德的追求。晋商认识到德不空、德不孤、德可养的道理。德不空，意味着德体现在人们生活的方方面面，大到精神追求，小到日常行为，都可以实现德。德不孤，意味着德可泽被四方，也可得到四方之助。晋商的诚信守则就是以德为本，自己赚，也让别人赚；自己幸福，也让别人幸福。德可养，意味着德非天性，需要培养方可得。遍布晋商大院标示精神操守的各种景物

◆山西榆次常家庄园门楼匾额上书：日新其德。

和牌匾、楹联都是他们养德的方式。古人云，君子爱财而取之有道，晋商广纳四方之财的根本之道就是守德。

简而言之，晋商大院不仅仅是一座座代表财富的建筑，而且体现了晋商对待自然、社会和人生的态度。失去这种态度，晋商大院也就失去了灵魂，遗产保护也就止于躯壳了。

主要参考书目

成艳萍：《经济一体化视角下的明清晋商》，科学出版社，2013年版。

冯改朵、刘建生等：《西口研究——以杀虎口为中心》，山西经济出版社，2012年版。

刘建生、燕红忠、张喜琴等：《明清晋商与徽商之比较研究》，山西经济出版社，2012年版。

燕红忠：《晋商与现代经济》，经济科学出版社，2012年版。

燕红忠：《中国的货币金融体系（1600—1949）》，中国人民大学出版社，2012年版。

刘建生：《商业与金融：近世以来的区域经济发展》，山西经济出版社，2009年版。

刘建生、燕红忠、石　涛等：《晋商信用制度及其变迁研究》，山西经济出版社，2008年版。

刘建生、燕红忠、王瑞芬等：《山西典商研究》，山西经济出版社，2007年版。

刘建生、刘鹏生、李　东：《回望晋商》，山西经济出版社，2007年版。

刘建生、刘鹏生、燕红忠等：《明清晋商制度变迁研究》，山西人民出版社，2005年版。

刘建生、刘鹏生等：《晋商研究》，山西人民出版社，2005年版。

高增德、刘建生：《晋商巨擘》，山西经济出版社，2005年版。

刘建生：《商谭》，山西经济出版社，2002年版。

刘建生、刘鹏生等：《山西近代经济史（1840—1949）》，山西经济出版社，1995年版。

刘建生：《中国近代经济史稿》，山西经济出版社，1992年版。

……………………………………

穆雯瑛：《晋商史料研究》，山西人民出版社，2001年版。

王宝库：《法眼看山西：这方水土这方人的超时空审视与大文化解读》，山西人民出版社，2008年版。

毛成刚：《晋商文化与家族商业研究》，经济管理出版社，2008年版。

王建武、赵荣达：《山西晋商与他们的宅院》，外文出版社，2006年版。

王妮娜：《中国古城古镇古村古寨》，湖南人民出版社，2004年版。

解维汉：《中国古镇老村楹联精选》，陕西人民出版社，2007年版。

杨庆茹：《晋山·晋水·晋文明：走进山西文明》，黑龙江人民出版社，2006年版。

李永福：《中国晋商成功之道》，内蒙古人民出版社，2009年版。

王正前：《乔家大院民俗博物馆志》，山西人民出版社，2006年版。

杨子荣：《三晋文明之最》，三晋出版社，2012年版。

郑孝时：《明清晋商老宅院》，山西经济出版社，2006年版。

孙　琨：《最在晋土》，山西经济出版社，2010年版。

邹文等：《中国建筑经典》，人民美术出版社，2000年版。

山西省政协《晋商史料全览》编辑委员会编：《晋商史料全览（宅院卷）》，山西人民出版社，2007年版。

朱向东、王崇恩、王金平：《晋商民居》，中国建筑工业出版社，2009年版。

颜纪臣：《山西传统民居》，中国建筑工业出版社，2006年版。

王其钧：《山西建筑》，上海锦绣文章出版社，2008年版。

王儒杰：《静升史海钩沉》，东方出版社，2006年版。

谢　燕、刘欣宇：《儒商门第——常家庄园》，山西古籍出版社，2005年版。

李文艺：《晋中文物》，山西人民出版社，2006年版。

江荣先、柏冬友：《中国民间故宫——王家大院》，中国建筑工业出版社，2004年版。

孙宏波、高春平：《潞商文化探索》，天津人民出版社，2009年版。

孙丽萍：《屋宇春秋——山西老宅院》，山西人民出版社，2002年版。

王廷信：《晋商大院启示录》，《建筑与文化》，2009年第8期。

王葆华、杨豪中等：《晋商大院室内家具艺术》，《西安建筑科技大学学报（自然科学版）》，2011年第5期。

王金平、靳　松：《晋商大院的空间与艺术特征初探》，《山西建筑》，2005年第22期。

程万里：《晋商大院中的传统文化符号》，《建筑与文化》，2009年第8期。

原慧艳：《晋商大院文化中的谐音现象》，《山西师范大学学报（社会科学版）》，2009年第4期。

孟聪龄、马军鹏：《从"天人合一"谈山西传统民居的美学思想》，《建筑学报》，2004年第2期。

后记

有人说，唐代以后的山西乏善可陈，科考不利、文化名人匮乏……明清时期的晋商算是一个特例。但是，在时代变革、文化演进的浪潮中，山西扬弃陈腐、推陈出新、敢为天下先的文化特征和独特的文化变迁方式，却很少有发现、探讨。

关中平原在西周、西汉和李唐一直是中华帝国政治经济的核心地带，唐代诸多繁盛的故事都发生在这里，这一带的水利系统兴建于秦汉，八百年之后的盛唐，苍老的白渠、六辅渠再也无法承载得起那段过度的繁华，生态的恶化，使得与山西一河之隔的政治、经济中心开始走向凋敝。汴梁、临安、南京、北京，中国的“心脏”离关中渐行渐远，山西的地位也随之逐渐从国之畿辅转化成为遥不可及的边陲。清雍正六年（1728），山西巡抚觉罗石麟的奏折中便用“远在边疆”四字来描述据京师仅数百里的晋北杀虎口。

魏晋南北朝，寒冷的气候迫使北方少数民族南下，一时间，“普天之下，莫非王土”的中原大地进入了一个混沌无常的时代。隋代，雄踞太原的李渊成为天朝大国新的主宰，太原也因此成为大唐帝国的北都。唐代的三晋是一个文化昌达、名人辈出的地方。王维、柳宗元、狄仁杰、河东裴氏……一个个镌刻在青史上的名字，推动着唐代文化登峰造极。当鼎盛的铅华在四起的狼烟中悄然褪尽，宋太宗的铁骑踏过黄河，刘汉王朝灰飞烟灭之后，连年的战火、无休止的争斗，李唐盛极一时的河东文化似乎真的随着太原城那场人为的大火飘零没落了……

若干年后，当中国人沉迷于正统文化科考入仕，西方人致力于拓展国际市场，引领未来世界潮流，经济实力成为决定国家兴衰至为重要因素时；当西方势力不断扩张，中国依然沉浸在“义利之辩”中无法自拔时，被誉为“海内巨富”的那些“胡服辫发”的山西商人与犹太商人一起称雄世界商界，又一次成为引领时代潮流的群体。

世人皆谓：“晋商纵横捭阖五百载，发于盐，兴于茶，而盛于票号者，是为明清商界之巨擘也。”梁启超先生亦曾说：“鄙人在海外十余年，对于外人批评吾国商业能力，常无辞以对，独至有历史、有基础、能继续发达之山西商业，鄙人常以自夸于世界人之前。”但事实上，梁启超在其学术著作《中国历史研究法》中强调，晋商作为刚发生过的事件，却已经淹没在历史的长河中了。

作为商人，晋商有着自己的特殊性。在中国古代重农抑商思想的影响下，商人的形象在卷帙浩繁的史料中鲜有出现，清代晋商见诸于正史者唯介休范氏家族中的范毓馪而已。史籍给我们留下的线索少之又少，在历史的闪回中，晋商的身影早已成为斑驳的片段，仅剩下他们曾经的居所——大院，成为为数不多的历史真实。

铅华褪尽，历史的余晖掩映在鳞次栉比、钩心斗角的晋商院落上，为古老沧桑的那段商业文化平添了几抹靓丽的色彩。端起一杯浓香四溢的咖啡，思绪透过眼前袅袅的薄雾穿越时空：这些看似寻常的院宇重楼却承载着厚重的晋商文化和建筑特色，错落有致的庭院、黝黑发亮的门槛，见证过多少商业巨子的唇枪舌剑和深墙高院中的悲欢离合。

敝人不揣浅薄，捃摭晋商院落实迹之点滴，胪列排比，以为晋人曾经辉煌之凭吊，亦为当今三晋之崛起而喝彩。因笔者才疏学浅，未能尽详晋商院落之全貌。管窥之作，难免有所杂驳，佶屈聱牙、窳陋之处，万望读者谅解。

跋

明清晋商在中国商业舞台上活跃的时间之长、影响之大，是空前的。然而历史的车轮无情地碾过那段令人激奋和无奈的岁月，只留下斑驳的记忆和深深的叹息。如何重拾昔日辉煌、重振晋人精神，如何改变百年封闭思想、形成晋人与时俱进的理念，如何挖掘历史文化遗产、实现文化强省，如何改变外界对山西的偏见、重塑山西的时代形象，成为当代有识之士急于破解的难题。

在国家日益重视文化对社会发展的重要意义的背景下，正值山西省省委、省政府大力推动文化产业发展的良好历史机遇，2008年初夏，时任山西教育出版社社长的荆作栋以敏锐的市场把握和独特的文化视角，结合晋商出版物的现状，将晋商文化的挖掘和传承作为出版工作的一个切入点，提出做一套能全面展示晋商文化图书的出版思路；山西大学晋商学研究所近二十年来一直致力于晋商研究，曾先后出版相关专著十余部，发表相关论文二百余篇。鉴于此，张沛泓、杨文两位编辑在多方调研和充分论证的基础上，最终确定与山西大学晋商学研究所合作，以《晋商五百年》丛书的形式，将近年来晋商在各方面的研究成果进行整合，以通俗和生动的方式图文并茂地展示给广大读者。山西大学晋商学研究所在深入思考和集思广益之后，决定全力以赴做好这套书。相信这必将有力地推动晋商文化的宣传和普及，更好地满足文化市场发展的需求。

随着晋商研究的深入，晋商学作为一门独立的学科已经初具规模，其研究的外延亦不断扩大。《晋商五百年》丛书主要从经营行业（盐商、典商、票商、茶商、粮商等）、会馆、家族、教育、公司、建筑、经营、镖局、走西口等方面，对晋商现象进行概括性描述，基本可以反映出明清晋商的全貌。在本丛书的各分册中，对晋商饮食起居、书法戏曲、官商关系、社会公益以及特有的商业习俗等也都有所涉及。

《晋商五百年》丛书十四册的编写历经五年有余，经过出版社同志们的辛勤劳动和各分册作者的共同努力，终于可以付梓出版了。丛书作者为山西大学晋商学研究所、历史文化学院、经济与管理学院、教育学院和体育学院研究晋商学的老师和研究生，他们分别从自己研究的领域和视角对晋商现象进行了介绍。在五年多的编撰过程中，出版社编辑和作者两方多次探讨，反复修改，几易其稿，达成共识；特别是在丛书整体的文字表达上，尽量使用通俗的描述语言，并配以内容丰富、形式多样、涉及范围广的“延伸阅读”，让各册内容更加丰满，知识涵盖面更加广泛。在此，对各位著作者的辛苦工作表示敬意。

山西教育出版社编审委主任张沛泓、项目部主任杨文在本丛书的论证、策划、立项、组织等方面做了大量工作，并在成书的过程中积极推动，在此对她们的敬业精神表示钦佩。各册责任编辑为使图书更加美观形象、内容更加生动丰富，通过各种渠道搜集和拍摄了大量图片，下了很大功夫，也付出了很多心血。山西教育出版社美术编辑刘志斌在丛书的装帧设计、正文图片的统筹和编排等方面做了大量工作。在此对山西教育出版社相关领导和编辑们的敬业精神和辛苦工作表示崇高的敬意和衷心的感谢。

在本丛书的编写过程中，我们参考了大量学界前辈和研究同仁的研究成果，但囿于体例和篇幅限制，不能全部一一标列，在此对各位作者表示诚挚的感谢和深深的歉意。由于本丛书有的分册是师生合作编撰，其中在结构安排、行文内容等方面还有一些尚需斟酌之处，恳请各位读者指正和谅解。

刘成虎

于山西大学晋商学研究所

鸣谢

为全面形象地宣传、展示晋商文化，本丛书在编辑出版过程中编配了一些相关图片，我们希望取得摄影者的授权，但囿于时间、条件的限制，部分图片未能事先与摄影者取得联系。在此，我们对相关摄影作品的作者表示歉意并恳请能及时与我们联系。本丛书图片的提供者有梁铭、荣浪、薛菲、刘志斌、高春平、刘成虎、刘映海等，并得到北京晋商博物馆、山西财经大学晋商博物馆、山西省博物院、太原晋商博物馆、山西近代矿史研究会、保晋公司纪念馆等单位的大力支持，在此一并致谢！